Erika Altenburg
Wege zum selbstständigen Lesen

Lehrer-Bücherei: Grundschule

Herausgegeben von
Horst Bartnitzky und Reinhold Christiani

Erika Altenburg

Wege
zum selbstständigen
Lesen

•

10 Methoden
der Texterschließung

Cornelsen
SCRIPTOR

 http://www.cornelsen.de

Gedruckt auf chlorfrei gebleichtem Papier
ohne Dioxinbelastung der Gewässer.

Bibliografische Information
Die Deutsche Bibliothek verzeichnet diese Publikation in der Deutschen
Nationalbibliografie; detaillierte bibliografische Daten sind im Internet über
http://dnb.ddb.de abrufbar.

Dieses Werk berücksichtigt die Regeln der reformierten Rechtschreibung und
Zeichensetzung.

8.	7.	6.	5.	€	Die letzten Ziffern bezeichnen
07	06	05	04		Zahl und Jahr der Auflage.

Herstellung: Brigitte Bredow, Berlin
Satz: FROMM MediaDesign GmbH, Selters/Ts.
Umschlaggestaltung: Studio Lochmann, Frankfurt am Main
Druck und Bindung: Clausen & Bosse, Leck
Printed in Germany
ISBN 3-589-05022-5
Bestellnummer 50225

Inhalt

1. Was heißt hier „Lesen"?

Lesen: Nur eine Kulturtechnik? – Von der komplexen Leistung beim Lesen

Warum wird gelesen? Warum greift man zur Zeitung, zum Buch, zur Nachricht? Wer liest, möchte etwas erfahren: Er/sie möchte z. B. beim Blick in die Zeitung die Sportergebnisse, die politischen Neuigkeiten, familiäre Ereignisse etc. zur Kenntnis nehmen. Der Gebrauch der Schriftsprache ist also ein zweiseitiger Prozess: jemand schreibt etwas, das ein anderer liest. Beim Sprechen kann der Hörer/die Hörerin jederzeit rückfragen, wenn das Verständnis nicht gesichert ist. Beim Lesen besteht diese Möglichkeit nicht, da im Allgemeinen der Schreiber/ die Schreiberin nicht „greifbar" ist. Was jedoch möglich ist, ist ein Zurückgehen im Text, ein wiederholtes Lesen, Innehalten, Nachdenken, auch Nachschlagen oder Nachfragen bei anderen Lesern/Leserinnen.

Dieses private Lesen („für sich") erfolgt still, ohne vernehmbare Artikulation. Das in der Schule oft geübte laute Lesen von unbekannten Texten entspricht somit nicht der privaten, lebenspraktischen Lesehaltung bzw. -form.

Was ist „Lesen"? Eines ist Lesen mit Sicherheit nicht: nämlich eine reine „Technik". Wenn man Lesen als „Technik" begreift, wenn auch als „Kulturtechnik", so entspricht das etwa dem Verständnis vom Sprechen als einer wechselweisen „Schallproduktion" (vgl. LIST, 1981, S. 135).

Buchstaben sind Zeichen für Laute. Das Rück-„Übersetzen" von Buchstaben in Laute, das Verschleifen zu Wörtern, das *Rekodieren* also, ist eine Fertigkeit, die noch kein Lesen bedeutet. Es muss immer das Moment der Sinnentnahme, das *Dekodieren,* hinzukommen, damit von Lesen als einem Prozess der Verständigung, der Übermittlung von Informationen, von Inhalten, gesprochen werden kann. Die Verengung des Lesenlernens auf die Vermittlung einer bloßen Kulturtechnik gilt einigen Autoren als mitverantwortlich für das Entstehen von Analphabetismus (vgl. AHSENDORF, GIESE, 1984). Wir müssen also prüfen, welcher Lesebegriff dem Unterricht zugrunde liegt bzw. welche methodisch-didaktischen Konsequenzen aus der Erkenntnis der kommunikativen Funktion des Lesens abgeleitet werden.

In die Formulierung eines Textes fließt vieles ein: Einstellungen, Gewohnheiten, Kenntnisse, sprachliches Wissen und sprachliche sowie außersprachliche Erfahrungen etc. Beim Lesen, beim Verstehen eines Textes, muss also auch der Leser/die Leserin sprachliche und außersprachliche Erfahrungen, sprachliches und außersprachliches Wissen aktivieren, um das Gemeinte herauszufinden, um einen Text zu entschlüsseln. Es erscheint in diesem Zusammenhang logisch, dass nie hundert Prozent des Verschlüsselten entschlüsselt werden können. Beim Verstehensprozess handelt es sich immer um Annäherungen.

Es lässt sich, wissenschaftlich betrachtet, nicht bis ins Letzte klären, was denn nun Lesen sei. Sicher ist jedoch, dass viele Teile des menschlichen Gehirns am Entschlüsselungsprozess beteiligt sind. Welche woran und wie zusammenwirken, ist noch nicht umfassend erforscht. Sicher ist jedenfalls, dass das Lesen einen vielschichtigen kognitiven Prozess darstellt (vgl. LIST, GOODMAN etc.). Deshalb ist auch das Lesen- und Schreibenlernen eine „Schwerstarbeit" (vgl. LIST, S. 135).

Zwei Teilfähigkeiten sind in diesem Zusammenhang besonders interessant: *Antizipation* und *Hypothesenbildung.* Ich möchte diese anhand eines Beispiels erläutern:

Bitte ergänzen Sie den folgenden Text:
Ein Paar ist beim gemeinsamen Einkaufsbummel in der Stadt. Nach einiger Zeit sagt sie: „Ich habe Hunger, lass uns …!"

Was haben Sie ergänzt? Vielleicht: „etwas essen" oder „etwas zu essen kaufen" oder „nach Hause gehen und etwas essen" oder „zu Hause etwas kochen" oder „in ein Restaurant gehen" oder „zu einem Schnellimbiss gehen" oder „in eine Bäckerei gehen" oder … oder …

Sie haben eine Vermutung entwickelt, *Sie haben antizipiert,* was im Text folgen könnte. Was hat auf die Bildung Ihrer Vermutung eingewirkt? Vielleicht die Vorstellung, die Sie damit verbinden, ob er oder sie den Vorschlag macht? Sicherlich Ihre eigenen Gewohnheiten, Erfahrungen, Möglichkeiten. Wir wissen nichts weiter über das geschilderte Paar. Wir wissen nicht, welche finanziellen Möglichkeiten gegeben sind, welche Gewohnheiten, welche Entfernung von zu Hause besteht etc. Wichtig ist jedoch: Welche Reaktion erwarten Sie in der dargestellten Situation? Würden Sie eher essen gehen (und wenn ja wohin), oder würden Sie eher einkaufen oder eher kochen?

Wenn Sie Ihre Vermutung formuliert haben, wenn Sie damit eine Hypothese im Hinblick darauf gebildet haben, was im Text folgen könnte, so möchten Sie diese *Hypothese jetzt am vorhandenen Text überprüfen.* Sie erwarten somit ein bestimmtes Wort bzw. eine bestimmte Wortkombination, Sie erwarten eine bestimmte Buchstabenfolge.

Text-Fortsetzung: „… lass uns in den Delikatessladen X gehen; dort gibt es exquisite Häppchen."

Von den vorgeschlagenen Hypothesen findet sich keine bestätigt. Um die Textaussage zu verstehen, die offensichtlich nicht mit den eigenen Erfahrungen übereinstimmt, muss ich als Leser/Leserin wissen, was ein Delikatessladen ist und eine Vorstellung von „exquisiten Häppchen" haben.

Was Sie ergänzt haben, stand sicherlich auch in der richtigen grammatischen Form. An dieser Stelle haben Sie also Ihr sprachliches Wissen aktiviert.

Wenn man Lesen also als einen hypothesenbildenden Prozess versteht, als eine schnelle Abfolge von Deutungen, als „probierendes Informationsverarbeiten" (vgl.

GOODMAN, 1973), so ist der Ablauf des Leseprozesses folgendermaßen: der Leser/ die Leserin entwickelt, während ein Satz überblickt wird, eine Idee des Gemeinten (Antizipation) und überprüft sozusagen erst beim zweiten „Hinsehen" diese Hypothese. D. h.: Man verwirft eine Idee, findet eine neue, bis eine Deutung bestätigt wird. Antizipation und Hypothesenbildung greifen also ineinander und sind bestimmende Teilfähigkeiten des Leseprozesses. Beim versierten Leser, bei der Lese-Könnerin laufen diese Teilprozesse weitgehend unbewusst und sehr schnell ab.

Bestätigt werden diese Annahmen unter anderem durch folgendes Experiment: Erwachsene sollten einen unbekannten Text laut vorlesen. Nachdem ein Teil eines Satzes gelesen worden war, wurde das Licht ausgemacht. Alle lasen den jeweiligen Satz bis zum Ende, obwohl kein Text mehr zu sehen war. Hieraus ergibt sich auch, dass es wesentlich einfacher ist, ein einzelnes Wort im Textzusammenhang zu verstehen, als dieses Wort einzeln vorzufinden und mit einer Vorstellung verbinden zu müssen.

Die *methodische Konsequenz* hieraus (wie auch aus der kommunikativen Funktion des Lesens) ist, gerade Leseanfänger/innen und schwache Leser/innen *nicht,* wie oft üblich, mit Einzelwörtern üben zu lassen, sondern immer Texte, also zusammenhängende Äußerungen, anzubieten. – Texte sollten natürlich nicht zu umfangreich sein und auch von der sprachlichen Gestaltung her (Wortwahl, Satzbau etc.) im Verstehenshorizont der Kinder liegen. – Zweifelhaft erscheinen von daher Materialien zur Leseförderung, die beim Einzelwort beginnen, dann über Einzelsätze zu Texten kommen (Bd. 1: Wörter, Bd. 2: Sätze, Bd. 3: Texte). Die Erkenntnisse der Lese- und Textforschung finden sich auch in neueren Lehrplänen wieder, indem ausdrücklich das Lesen und Schreiben in Kontexten, im Textzusammenhang, empfohlen wird, und zwar sowohl im Hinblick auf die Texterschließung, als auch auf die Förderung der Rechtschreibleistung.

Eine weitere Folgerung für das methodische Vorgehen beim Lesen im Unterricht besteht darin, unbekannte Wörter bzw. Begriffe aus dem Textzusammenhang erschließen zu lassen. Wenn beispielsweise in einem Text von dem Besuch einer Schulklasse auf einem Wochenmarkt erzählt wird, wenn weiterhin die Rede davon ist, dass ein Gemüseragout gekocht werden soll, so kann aus dem Kontext „… es werden Bohnen, Zwiebeln, Paprika, Zucchini, Auberginen etc. eingekauft …" geschlossen werden, dass Auberginen zu den Gemüsen gehören. Diese Art der Bedeutungserklärung bzw. -suche gehört auch zu den Fähigkeiten, die bei Kindern entwickelt werden müssen. Denn im Gegensatz zu einer Vorab-Erklärung des/der Lehrenden wird durch die Erklärung aus dem Kontext die Selbstständigkeit des/der Lesenden bei der Texterschließung gefördert.

Ein Kind wird z. B. den Satz „Pampelmusen sind gesund" korrekt artikulierend darbieten können. Wenn es jedoch noch nie von Pampelmusen gehört hat, kann es diesen Satz nicht *verstehen,* sondern höchstens im Zusammenhang seiner Vorerfahrungen mit „gesunden Sachen" vermuten, dass es sich um eine Frucht handelt (mit mehr Text bzw. Kontext wären natürlich auch mehr Hinweise gegeben!). So zeigte es sich auch bei Heimkindern, die mit Fertiggerichten aus einer Großküche versorgt wurden, dass sie einen Fibeltext über „Küche" und „Kochen" gar nicht verstehen *konnten,* da ihnen die hierzu benötigten *Erfahrungen* fehlten: diese Kinder kannten keine Kücheneinrichtung; sie wussten nicht einmal, wie ein aufgeschlagenes rohes Ei aussieht. Die Erfahrung „Küche" wurde ihnen vermittelt, indem die Lehrerin die Kinder zu sich nach Hause einlud (Erfahrungsbericht einer Kollegin).

Viele Lehrende machen die Beobachtung, dass die Kinder immer größere Schwierigkeiten haben mit dem Verstehen bestimmter sprachlicher Formen. So erklärten beispielsweise Kinder den Satz „der Kommissar glich einem Bären" folgendermaßen: „der Kommissar sieht einen Bären". Es stellte sich heraus, dass die Kinder sehr wohl wussten, was es bedeutet, wenn jemand sagt: „dieser oder jener gleicht seiner Schwester, seinem Bruder etc." Nicht geläufig war ihnen die „starke" Verbform des Präteritums (glich). Wenn man bedenkt, dass in der mündlichen Rede in der Regel das Perfekt verwendet (ich bin in die Stadt gegangen, ich habe ...) und auch beim schriftlichen Erzählen zunehmend häufiger benutzt wird, so wird deutlich, dass die Schüler/innen diese Textstelle nicht verstehen konnten, weil ihnen sprachliches Wissen bzw. sprachliche Erfahrung fehlten. Erfahrungen mit dem Präteritum haben Kinder überwiegend im Zusammenhang mit Märchenlektüre (deshalb empfiehlt es sich auch, bei der Einführung des Präteritums einen Märchentext zu verwenden).

Ähnliche Schwierigkeiten ergeben sich oft, wenn Satzkonstruktionen auftreten, die den Kindern nicht geläufig sind. So z. B. in einem Text aus einem Sachbuch: „Die Römer bekamen ihr Getreide aus Germanien, den römischen Provinzen." Die Kinder konnten die Frage nicht beantworten, woher die Römer ihr Getreide bekamen. Überlegt man jetzt, wann oder ob überhaupt Kinder selbst derartige Formen verwenden, wird deutlich, dass Texte nur verstanden werden können, wenn die außersprachlichen und sprachlichen Voraussetzungen gegeben sind.

Lehrer und Lehrerinnen müssen also bei der Auswahl von Texten auch darauf achten, welche Wörter bzw. Satzkonstruktionen (und wie viele) für die Kinder unbekannt sind oder sein könnten, mit welchen Begriffen keine Vorstellungen verbunden sind. Beim Anfangsunterricht hat manche/r die Erfahrung gemacht, dass Kinder Wörter, mit denen sie nichts „anfangen" können, trotz allen Übens nicht behalten (können!).

Zusammenfassend können wir also festhalten:

Lesen
– bedeutet immer Sinnentnahme bzw. **Verstehen**, das auf die sprachlichen und außersprachlichen Erfahrungen zurückgreift,
– ist erwartungsgesteuertes Probehandeln (ein „hypothesentestender Prozess"),
– stellt somit einen vielschichtigen kognitiven Prozess dar (und nicht „bloß" eine Kulturtechnik).

Lesen: Für sich oder für andere? – Vom Sinn und Unsinn des lauten Lesens

Ein Kind, das Lesen lernt, muss erkennen, dass die schriftliche Darstellung rückgeführt werden kann in „Hörbares", dem eine Bedeutung innewohnt. Viele Kinder machen erst dann einen Fortschritt im Lesenlernen, wenn sie erfasst haben, dass das, was sie lesen, sinnvoll ist.

Erschwerend kommt hinzu, dass es in der deutschen Sprache keine 1:1 Zuordnung von Laut und Buchstabe gibt (Es gibt rund 40 Phoneme, aber nur 26 Buchstaben: ein Laut für mehrere Buchstaben: z. B.: x, chs, ks; ein Buchstabe für mehrere Laute, z. B.: e), dass also oft erst im Wort- oder Text-Zusammenhang die richtige Aussprache gefunden werden kann. Auch die Grenzen von Wörtern und Sätzen sind im mündlichen Sprachgebrauch nicht ohne weiteres auszumachen, sodass die Korrespondenz zwischen geschriebenem und gesprochenem Wort nicht selbstverständlich ist.

– Auf der ersten Lese-Stufe agiert der Anfänger/die Anfängerin folgendermaßen: Er/sie „überträgt" Buchstaben in Laute, verschleift diese, hört das eigene, laute Sprechen und entnimmt (ähnlich wie beim mündlichen Sprachgebrauch, der ihm vertraut ist) die Bedeutung.
– Mit zunehmender Übung wird dieses Sich-selbst-Vorsprechen immer leiser, bis nurmehr die Lippen bewegt werden und endlich die Bedeutungsentnahme „still" erfolgt, sozusagen direkt vom Papier. Diese Stufe wird im Allgemeinen spätestens im Laufe der zweiten Klasse erreicht und stellt im Grunde das Ziel des Lesenlernens dar: selbstständige Bedeutungsentnahme.
– Die dritte Lesestufe stellt eine Art „Höchstform" dar, denn hier erfolgen alle Teilleistungen gleichzeitig: während des lauten Lesens entnimmt der Leser/die Leserin die Bedeutung und gibt durch die Art und Weise der Betonung eine Interpretation des Gelesenen zu erkennen.

Dieses laute, vortragende Lesen des Könners/der Könnerin ist also ein ganz anderes „lautes Lesen" als das des Leseanfängers/der Leseanfängerin. Legt man das Stufenmodell von Goodman (bzw. generell die Ergebnisse der aktuellen Leseforschung) zugrunde, so erscheint die häufig in Schulen geübte Praxis, einen unbekannten Text vorzustellen, indem Kinder diesen reihum laut vorlesen, mehr als ungeeignet: Ohne Vorbereitung, ohne Rücksicht auf den Erfahrungshintergrund, ohne Lese-Auftrag (und damit verbundene Motivation) wird dem einzelnen Kind eine komplizierte, vielschichtige kognitive Leistung abverlangt.

Das Ergebnis kann dann sein, dass der Text zwar vorgestellt, aber nur ein Minimum des Inhaltes aufgenommen wurde und der Lehrer/die Lehrerin sich bei einer nachfolgenden Besprechung wundert, warum so wenig „kommt". Dass das laute Lesen eines unbekannten Textes das Verständnis eher verhindert als fördert, wird auch durch die Erfahrung vieler Erwachsener mit ihrem früheren Fremdsprachenunterricht bestätigt: man verstand es, flüssig vorzulesen (da man sich auf das Artikulieren konzentrierte und die Aussspracheregeln weitgehend beherrschte), ohne einen Schimmer vom Inhalt des Textes zu haben. Auch bei ausländischen Kindern geschieht es nicht selten, dass diese, sobald sie die deutschen Aussspracheregeln begriffen haben, fließend „vorlesen", ohne tatsächlich den Inhalt zu verstehen.

Wenn Kinder sich ausschließlich auf das Artikulieren konzentrieren, so wird ihr Interesse am selbstständigen Lesen außerordentlich gering sein. Diese Kinder interessieren sich nur dafür, in der Schule vorzulesen und damit ihre „Pflicht" erledigt zu haben und unauffällig zu bleiben. (Für die wenigen Kinder, die die „Kür" beherrschen, die sich auf der dritten Lesestufe „bewegen" können, gilt dies sicherlich nicht in gleichem Maße.)

Kinder kommen selbst zu den entsprechenden Erkenntnissen: Ein kleines Mädchen, das seinem Bruder immer vorlesen sollte (weil die Mutter der Meinung war, dass hierdurch das Lesen geübt würde), erzählte in der Schule, dass sie ihrem Bruder zwar vorlesen, aber selber überhaupt nichts mitkriegen würde von dem Text („Ich höre mir gar nicht zu!"). Eines Tages sagte dieses Kind: „Ich habe für mich allein etwas gelesen: Jetzt kann ich lesen, ohne was dabei zu sagen, vom Papier in den Kopf!" (Zweite Lesestufe!).

Ein weiteres Beispiel: Die Kinder einer Klasse durften sich aussuchen, wer ihren Text, ihren „Aufsatz", vorträgt. Sie wählten vorzugsweise einen Jungen, der dies besonders gut konnte. Begründung: „Der Uwe lacht schon, wenn man noch gar nicht gehört hat, was zum Lachen ist!" (Uwe bewältigt die dritte Lesestufe!).

Fragwürdig ist in diesem Zusammenhang auch die Gestaltung mancher Vorlesewettbewerbe: schon bei den Vorausscheidungen in den einzelnen Klassen wird von *allen* Kindern die Bewältigung des dritten Tüchtigkeitsniveaus erwartet. Hiermit wird in vielen Fällen das Gegenteil von dem erreicht, was erreicht werden sollte: statt Motivation für das selbstständige Lesen, statt Interesse für den

Inhalt von Texten, wird (ungewollt) die Konzentration auf den technischen Aspekt des Lesens gerichtet.

Der Mensch, der aus einem Text etwas entnehmen, etwas erfahren will, wird also (wie allgemein üblich) still für sich lesen: damit kommt der zweiten Lesestufe, dem zweiten „Tüchtigkeitsniveau", eine ganz besondere Bedeutung zu. Diese Stufe ist, lebenspraktisch betrachtet, die wichtigste.

Natürlich ist gestaltetes Vorlesen, Vortragen, ein wichtiger Bereich des Leseunterrichts. Doch muss es den richtigen didaktischen und methodischen Ort erhalten – nämlich dort, wo nicht für sich, sondern für andere gelesen wird.

In diesem Buch geht es um das texterschließende Lesen, das in aller Regel dem gestaltenden Lesen vorausgeht.

2. Zehn Wege der Texterschließung

1. Schlüsselbegriff(e) des Textes klären

Beim ersten Weg wird ein markanter Begriff des Textes (oder auch zwei Begriffe) ausgewählt. Die Kinder äußern dann, was sie darunter verstehen. Sobald das Verfahren eingeführt ist, kann das Sammeln und Notieren von Gedanken zu den Begriffen auch sehr gut in *Partnerarbeit* oder in *Gruppenarbeit* erfolgen.

Der Schwerpunkt der sprachlichen Arbeit liegt bei diesem Verfahren im Bereich der *Semantik*, der Wortbedeutung, wobei die Erkenntnis zugrunde liegt, dass jeder Begriff ein breites Bedeutungsspektrum hat und die *spezielle Bedeutung* jeweils erst im *Kontext* festgelegt wird. Der Lehrer/die Lehrerin findet nicht nur heraus, ob ein Begriff den Kindern überhaupt geläufig ist, sondern auch, welche Verwendungszusammenhänge den Kindern bereits bekannt sind und ob eventuell durch die Auseinandersetzung mit dem Text das Verständnisspektrum der Kinder erweitert werden kann. Leseförderung und Sprachförderung gehen hier Hand in Hand. Die Aufmerksamkeit wird auf die eigenen sprachlichen bzw. außersprachlichen Voraussetzungen für das Textverstehen gelenkt, aber auch auf die Hinweise, die im Text enthalten sind. Damit werden sozusagen „Strategien der Texterschließung" eingeführt und trainiert.

Für das folgende Textbeispiel (Prosatext) wurde zuerst der Begriff „*Krach*" geklärt. Die Kinder fanden:
– verkrachen: Kinder ärgern sich
– Glas fällt runter
– Haus kracht zusammen

Die Aufgabenstellung hieß dann (Klasse 2): Das Wort „Krach" kommt in der Geschichte vor. Unterstreicht es und überlegt, welcher „Krach" gemeint ist. Zusatzaufgabe: Überschrift finden.

> Der Herr Knotenbach
> ist Hausmeister in Lolles Schule.
> Und er kann es nicht leiden,
> wenn die Kinder
> in der Pause so laut toben.
> Lolle hat Lisa und Gesine vorgemacht,
> wie der Herr Knotenbach
> immer über den Schulhof schimpft:
> Ruhe im Karton!

Aufhören mit dem Krach!
Jetzt seid aber mal still!
Keinen Mucks will ich mehr hören!
Lasst den Lärm!
Haltet den Schnabel!
Nicht einen Ton mehr!
Gebt endlich Ruhe!
Schweigt mal eine Weile!
Schluss mit dem Remmidemmi!
Seid leise, ihr alten Radautüten!
Aber der Herr Knotenbach kann schimpfen,
so viel er will.
Krach ist trotzdem immer auf dem Schulhof.

Christa Zeuch

Für schwache bzw. langsame Leser/innen könnte man den Text kürzen. Als Überschrift wurde unter anderem genannt „Der schimpfende Hausmeister" (Original: „Von einem, der Ruhe will, aber selber Krach macht"). Über den *Krach, den Kinder machen,* und die daraus entstehenden Konflikte (Nachbarschaft etc.) entstand ein reger Erfahrungsaustausch. Als Aufgabenstellung für das *Vorlesen* nannten die Kinder: „echtes Schimpfen"!

Mit Kindern einer zweiten oder dritten Klasse könnte man die selbstständige Lektüre des folgenden Gedichts z. B. so vorbereiten: die Kinder überlegen zu zweit oder zu dritt, was sie sich unter „*sauer*" vorstellen. Genannt wurden: Essig, Zitrone („schmeckt sauer"), „auf jemand anderen sauer sein", „Essen ist sauer geworden".
    Die *Leseaufgabe* besteht jetzt darin, beim Lesen festzustellen, wo das Wort „sauer" vorkommt und was es *hier* bedeutet.

Für Simone

Ich heiße Simone.
Man nennt mich Zitrone.
Ich mache ein saures Gesicht.
Sie rufen: Simone, du doofe Zitrone!
Ich mag so was nicht.

Ich heiße Simone.
Man nennt mich Zitrone.

Ich weine am Abend im Bett.
Sie sagen: Simone, hau ab, du Zitrone!
Das find' ich nicht nett.

Ich heiße Simone.
Man nennt mich Zitrone.
Das finde ich einfach gemein.
Sie sagen: Simone, Zitrone, Zitrone!
Denn das ist ein Reim.

Ich heiße Simone.
Man nennt mich Zitrone.
Ich wollte, ich hieße Marie.
Denn hieß ich Marie, dann würd' sich nichts reimen.
Dann wär' ich genauso wie sie.

Jutta Richter

Das „saure Gesicht" wurde von allen Kindern gefunden und richtig gedeutet. Unklarheiten gab es durch „Zitrone", da dies nicht sofort von allen Kindern als Verballhornung des Namens „Simone" erfasst wurde.

Für das *Vorlesen* wurde als *Aufgabenstellung* gefordert, dass man hören müsse, *wie* die anderen Kinder rufen und dass „Simone" deshalb sehr traurig und wütend sei (Integration des Bereichs: Gestaltendes Lesen). Im Gespräch wurden Hänseleien im Zusammenhang mit Namen thematisiert. Die Überschrift der Autorin wurde als Trost für „Simone" und als Denkanstoß für „Zanker" bzw. alle Kinder aufgefasst.

Textbeispiel, das in einer vierten Klasse erprobt wurde: Zu den Stichwörtern *„Gauner"* und *„Spaßvogel"* wurde Folgendes gesammelt:

„Gauner"
– will andere Menschen betrügen
– ist gerissen
– clever
– ein Schlitzohr
– will andere reinlegen

„Spaßvogel"
– ist witzig
– immer gut gelaunt

– Eulenspiegel
– ist lustig
– macht Streiche bzw. denkt sich Streiche aus

Aufgabenstellung für die *selbstständige Texterschließung* (stilles Lesen): Was von dem, was wir über Gauner und Spaßvogel gesagt haben, finden wir im Text wieder?

Das Traumbrot

Ein Gauner und ein Spaßvogel fanden auf ihrem Weg ein Brot, und weil sie beide hungrig waren, sagte der Gauner: „Für uns beide ist das Brot zu klein, aber einen von uns wird es satt machen. Lass uns eine Weile schlafen. Wer dann den schöneren Traum erzählen kann, soll das Brot bekommen."
Sie legten sich unter einen Baum in den Schatten, und als der Gauner aufwachte, weckte er den Spaßvogel und sagte: „Einen schöneren Traum als ich kann man nicht haben. Ich war im Paradies und konnte essen, was ich wollte. Und was hast du geträumt?"
Der Spaßvogel antwortete: „Ich sah, wie gut es dir im Paradies ging, und ich dachte, dass du das kleine Brot jetzt nicht mehr brauchst, um satt zu werden. Da habe ich es aufgegessen."

Nach *Petrus Alfonsi* (11./12. Jh.)

Einige Bedeutungen, die die Kinder fanden, können nun mit Sicherheit gestrichen werden. Heiß diskutiert wurde die Frage, ob der Gauner den Spaßvogel hereinlegen wollte und womit.

Der Gauner hat eine tolle Idee (seinen Super„traum") und hält sich für unschlagbar. Der Spaßvogel seinerseits geht das Ganze gelassen an: Er isst das Brot, während der andere schläft; er lehnt dessen Vorschlag keineswegs ab, obwohl ihm vermutlich bereits die Absichten (die unlauteren) des Gauners klar sind. Er sagt nicht, dass es dem Gauner vermutlich darauf ankomme, das Brot alleine zu bekommen, sondern er handelt und schlägt am Ende den Gauner mit dessen „eigenen Waffen". Der Spaßvogel erweist sich also als witzig, scharfsinnig, souverän. Die Rollen werden im Grunde vertauscht: es gelingt dem Spaßvogel, den Gauner hereinzulegen. Die Kinder meinten, in diesem Falle sei ja der Spaßvogel eigentlich der größere Gauner.

Der Weg „Vorklären von Schlüsselbegriffen" eignet sich für sehr viele Texte: z. B. „Verlassensein" bei der Geschichte vom „Sterntaler", „Wettlauf" bei „Hase und

Igel", „Streit" bei den beiden Ziegen auf dem Steg, „Angst" bei „Niki und das Dreimeterbrett" (I. Korschunow) und „Sofie ist ängstlich" (P. Härtling).

Das Verfahren erfordert wenig Arbeitsaufwand, gibt einen guten Einblick in das vorhandene sprachliche Verständnis der Kinder (Wortschatz) und schafft über den „Such"-Auftrag Lesemotivation.

1. Weg: *Schlüsselbegriff(e) eines Textes klären*

1. Lehrer/in wählt einen (oder zwei) Schlüsselbegriff(e) aus.
2. Kinder sammeln Bedeutungs-„Möglichkeiten".
3. Kinder lesen selbstständig still den Text.
4. Kinder vergleichen ihre Bedeutungsmöglichkeiten mit dem Text, diskutieren, finden die für den jeweiligen Text passende Bedeutung.

2. Textteile antizipieren

Antizipation und Hypothesenbildung sind wesentliche Bestandteile des Leseprozesses (siehe Kapitel 1). Der unbewusste Ablauf beim „normalen" Lesen soll bewusst gemacht, regelrecht geübt werden, durch ein entsprechendes methodisches Vorgehen.

Für *Lesenanfänger/innen* bzw. schwache Leser/innen könnte dies etwa so aussehen: ein Buchstabe wird angeschrieben, z. B. „O". Es wird gefragt, welches Wort hieraus entstehen könnte. Die Vorschläge werden gesammelt, es wird überlegt, welcher Buchstabe welchem Vorschlag entsprechend folgen müsste. Jetzt wird mit dem zweiten Buchstaben des Wortes im Hinblick auf die eigene Hypothese verglichen. Haben wir in unserem Beispiel „O" und „m", so kann „Omi", „Omo", „Oma" entstehen. Welche weiteren Wörter könnten folgen, wie könnte ein kleiner Satz aussehen? Hier wählen deutschsprachige Kinder instinktiv ein Verb (Satzbauerfahrung) bzw. ergänzen die erste Satzgliedstellung (Oma und …). Auch wird das Verb, das vorgeschlagen wird, in der dritten Person verwendet. Was könnte Oma also tun? Sobald der erste Buchstabe des Verbs geschrieben ist, wird die Auswahl erheblich eingeengt: welche Tätigkeiten beginnen z. B. mit „m"? Der Vergleich geht weiter wie beim ersten Wort, bis wir bei „macht" angelangt sind. Jetzt ist die Frage, was Oma „machen" kann: Unsinn, Spaß, Tomatensalat, Suppe, Kuchen usw. Sobald das große T erscheint, sind unsere Möglichkeiten wieder eingegrenzt. Es werden neue Vorschläge gesammelt, bis der Satz vollständig gefunden ist: „Oma macht Tomatensalat".

Abgesehen davon, dass es Kindern Spaß macht zu raten, zu suchen, wird bei diesem Verfahren auch ihr sprachliches Repertoire, ihre Fähigkeit, über Worte zu verfügen, aktiviert. Je nach Alter und Lernstand der Kinder kann man dabei natürlich auch „großräumiger" vorgehen: statt die Entstehung einzelner Wörter sichtbar zu machen, kann man von ganzen Wörtern ausgehen.

Auf ganze Texte bezogen kann der Leser/die Leserin, ausgehend von der *Überschrift*, dem *Buchtitel*, dem *Textanfang* etc. eine Leseerwartung formulieren, die Geschichte fortsetzen. Bei einer Textfortsetzung muss diese zum Textanfang passen, d. h. die Angaben im Textanfang bzw. in der Überschrift müssen verstanden und verwendet werden. Das Kriterium für eine passende Antizipation besteht also darin, zu überprüfen, ob aufgrund der Textgegebenheiten die entworfene Fortsetzung *möglich* ist.

Auf der Basis des antizipierten Textes (schriftlich oder mündlich) wird die *Aufgabenstellung für das Lesen* des folgenden Autorentextes gefunden: Der Leseauftrag besteht darin, die eigene Antizipation mit dem Autorentext zu vergleichen, also eine Bestätigung der eigenen Thesen zu suchen bzw. eine Korrektur vorzunehmen und von daher die Autorenintention zu erschließen. Der erste Teil eines Textes kann natürlich auch durch Lehrer- oder Schülervortrag bzw. durch eine Erzählung vorgegeben werden.

Was denkt die Maus am Donnerstag?

Was denkt die Maus am Donnerstag,
am Donnerstag,
am Donnerstag?

Häufig wird vermutet: Sie denkt an den Freitag, an's Wochenende, an's Essen, an die Katze … Aber wenn man den Text weiterliest,

Dasselbe wie an jedem Tag,
an jedem Tag,
an jedem Tag.

Was denkt die Maus an jedem Tag,
am Dienstag, Mittwoch, Donnerstag
und jeden Tag,
und jeden Tag?

dann wird klar, dass Freitag bzw. Wochenende gestrichen werden muss. Denn die Frage ist ja, was die Maus an jedem Tag denkt. Die anderen Vermutungen können bestehen bleiben bzw. ergänzt werden.

O hätte ich ein Wurstebrot
mit ganz viel Wurst
und wenig Brot!
O fände ich, zu meinem Glück,
ein riesengroßes Schinkenstück!
Das gäbe Saft,
das gäbe Kraft!
Da wär ich bald nicht mehr mäuschenklein,
da würd' ich bald groß wie ein Ochse sein.
Doch wäre ich erst so groß wie ein Stier,
dann würde ein tapferer Held aus mir.
Das wäre recht –
und der Katze,
der Katze
ginge es schlecht!

Josef Guggenmos

Am Ende ist alles klar: Die Maus denkt an ein Wurstbrot und daran, wie sie groß und stark werden kann, um es der Katze zu zeigen. Wurden die Vermutungen der Kinder an der Tafel festgehalten, so kann man das, was zutrifft, unterstreichen bzw. das andere wegwischen.

Der Affe als Schiedsrichter

Ein Hund und ein Fuchs erblickten gleichzeitig eine schöne große Wurst, die jemand verloren hatte, und nachdem sie eine Weile unentschieden darum gekämpft hatten, kamen sie überein, mit der Beute zum klugen Affen zu gehen. Dessen Schiedsspruch sollte gültig sein.
Der Affe hörte die beiden Streitenden aufmerksam an. Dann fällte er mit gerunzelter Stirn das Urteil: „Die Sachlage ist klar. Jedem von euch gehört genau die halbe Wurst!"
Damit zerbrach der Affe die Wurst und legte die beiden Teile auf eine Waage. Das eine Stück war schwerer.

Bei diesem Text vermuten Kinder oft, dass der Affe die Wurst so teilt, dass die Waagschalen im Gleichgewicht sind. Dies entspricht sicherlich ihrer Lebenserfahrung, was das Teilen bzw. die Funktion eines Schiedsrichters angeht. Einzelne Kinder vermuten auch schon, dass die Geschichte ganz anders enden könnte.

Der Begriff „Schiedsrichter" kann auch zum „Schlüsselbegriff" werden, der vorab geklärt wird (s. 1. Weg).

> Also biss er einen guten Happen ab. Nun wog er die Stücke von Neuem. Da senkte sich die andere Schale; happ-schnapp, kürzte er auch diesen Teil. Wiederum prüfte er sie auf Gleichgewicht, und nun musste wieder die erste Hälfte ihr Opfer bringen. So mühte der Affe sich weiterhin, jedem sein Recht zu schaffen. Die Enden wurden immer kleiner und die Augen von Hund und Fuchs immer größer. Schließlich, rutsch-futsch! war der Rest hier und dort verschlungen!
> Mit eingeklemmten Ruten schlichen Hund und Fuchs in verbissener Wut davon. In gehöriger Entfernung fielen sie übereinander her und zerzausten sich.

> *Fabel aus Korea*

Werden nun die Kinder, die eine gerechte Teilung erwartet haben, mit dem Autorentext konfrontiert, so stellen sie fest, dass die Geschichte eine ungewöhnliche Wendung nimmt. Im Anschluss daran ergibt sich die Überlegung, ob die Geschichte überhaupt geschrieben worden wäre, wenn eine ehrliche Teilung stattgefunden hätte. Daran anschließend wird diskutiert, *warum* denn der Autor die Geschichte wohl geschrieben hat bzw. für wen. Auf diesem Wege kommt man dann sehr schnell zu der Erkenntnis, dass in dieser Geschichte zwar Tiere vorkommen, aber Menschen gemeint sind („wenn zwei sich streiten, freut sich der Dritte"), dass der Autor eine Lehre mitteilen will. Damit sind wir bei typischen Textmerkmalen der Fabel.

Textteile zu antizipieren, stellt kein neues Verfahren dar. Es ist jedoch im Hinblick auf das Finden eines gezielten Leseauftrags besonders nützlich, weil es motiviert, einen Text selbstständig weiterzulesen.

Unter dem Gesichtspunkt der Lesemotivation sollte auch entschieden werden, welchen Kindern der Textanfang in welcher Form präsentiert wird: im Rahmen der inneren Differenzierung könnten leistungsstarke Kinder den Text selbstständig (still) erschließen, leistungsschwächere könnten den ersten Teil vermittelt bekommen (Vorlesen, Erzählen etc.).

Auch neue Medien, wie Videofilm ohne Ton oder mit Ton, können als Schreibanlass für eine Antizipation dienen. Die auf diesem Wege entwickelten Fortsetzungen der Kinder könnten dann von diesen wiederum in die entsprechende Form (Videofilm, Hörspiel etc.) gebracht werden.

2. Weg: *Textteile antizipieren*

1. Lehrer/in entscheidet, bis zu welcher Stelle der Text vorgegeben wird.
2. Kinder lesen still, antizipieren Fortsetzung.
3. Kinder stellen ihre Ergebnisse vor, halten sie gegebenenfalls fest.
4. Kinder lesen die Fortsetzung.
5. Kinder vergleichen ihre Vermutung mit dem Text.

3. Text rekonstruieren

Die Grundlage dieses Verfahrens bildet die Annahme, dass ein Text auf den verschiedenen Ebenen verknüpft ist: z. B. auf der Ebene des Satzbaus, der inhaltlichen Bedeutung, des Textaufbaus. Die Kinder verfolgen den Weg des Autors/der Autorin und die angewandten Verknüpfungen zurück, die Arbeit des Autors/der Autorin wird nachvollzogen.

Ein Text wird in diesem Fall nicht wohlgeordnet, so wie er vorliegt, präsentiert, sondern in Form von ungeordneten Einzelteilen. D. h., die einzelnen Sätze oder auch ganze Textteile wie Abschnitte oder Strophen eines Gedichtes sind verwürfelt und müssen wieder in die richtige Reihenfolge gebracht werden. Das Verfahren hat nichts Kreatives, es geht nicht darum, *irgendeine* Lösung zu finden, sondern die *richtige* Lösung, den tatsächlich vorhandenen Autorentext. Daher habe ich das Verfahren, das in Sprachbüchern auch unter „Textkombination" im Zusammenhang mit der Förderung von Schreibfähigkeiten erwähnt wird, „Textrekonstruktion" (Wiederherstellung eines vorhandenen Textes) genannt.

Bei der praktischen Arbeit kommt es also darauf an, entweder die Textteile „perfekt" geschnitten zu präsentieren (bei holprigen Schnittlinien kann im Stil eines Puzzles wieder zusammengesetzt werden) oder diese auf einem Blatt verwürfelt anzubieten und die Kinder selbst schneiden zu lassen. Wichtig ist das Hinlegen, das neue Ordnen (auf keinen Fall nummerieren lassen!!), denn nur wenn tatsächlich der Handlungsvollzug, das sprachliche Handeln, auch im praktischen *Handeln* deutlich wird, wird der Prozess der Hypothesenbildung tatsächlich „praktiziert".

Wir beginnen mit einer „Rate"-Aufgabe: Eine Strophe des Gedichts dient als Anlass, herauszufinden, wovon die Rede ist.

Hörst du, wie es leiser knackt?
Siehst du, wie es matter flackt?
Riechst du, wie der Rauch verzieht?
Fühlst du, wie die Wärme flieht?

Man hat es sicherlich gemerkt, es wird ein Feuer beschrieben, und zwar eines, das dabei ist, auszugehen. (Das Ausgehen ist erkennbar an den Adjektivformen: leis*er*, matt*er* usw.) Im Allgemeinen haben Kinder einer dritten oder vierten Klasse keine Mühe, dies herauszufinden.

Jetzt werden die restlichen Strophen des Gedichts verwürfelt angeboten:

Das Feuer

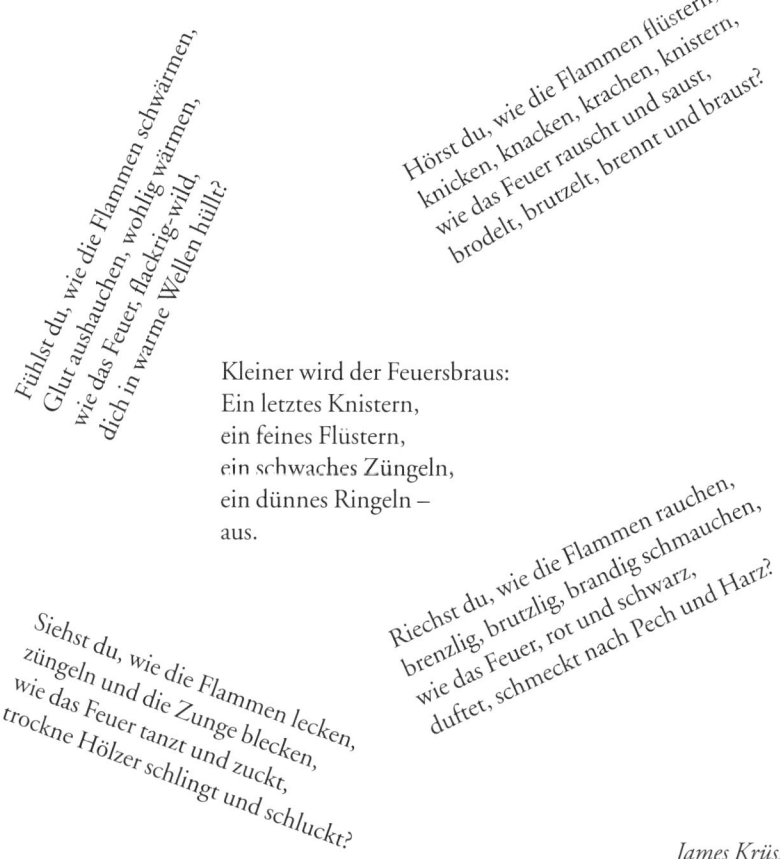

Fühlst du, wie die Flammen schwärmen,
Glut aushauchen, wohlig wärmen,
wie das Feuer, flackrig-wild,
dich in warme Wellen hüllt?

Hörst du, wie die Flammen flüstern,
knicken, knacken, krachen, knistern,
wie das Feuer rauscht und saust,
brodelt, brutzelt, brennt und braust?

Kleiner wird der Feuersbraus:
Ein letztes Knistern,
ein feines Flüstern,
ein schwaches Züngeln,
ein dünnes Ringeln –
aus.

Riechst du, wie die Flammen rauchen,
brenzlig, brutzlig, brandig schmauchen,
wie das Feuer, rot und schwarz,
duftet, schmeckt nach Pech und Harz?

Siehst du, wie die Flammen lecken,
züngeln und die Zunge blecken,
wie das Feuer tanzt und zuckt,
trockne Hölzer schlingt und schluckt?

James Krüss

Wenn zuvor nicht erkannt wurde, dass in der vorgegebenen Strophe das Feuer dabei ist zu verlöschen, dann setzen Kinder diese Strophe oft an den Anfang. Sie aber haben längst gemerkt, dass diese Strophe die fünfte ist, dass in dieser Strophe die ersten vier Strophen inhaltlich zusammengefasst werden, und zwar exakt in der Reihenfolge, in der sie vom Autor gesetzt wurden (von der alltäglichen Erfahrung ausgehend, wäre es sicherlich unerheblich, in welcher Reihenfolge die einzelnen Wahrnehmungen angesprochen werden; in diesem Text ist die Reihenfolge jedoch vorgegeben durch die fünfte Strophe!).

Eine Hilfe für die Textrekonstruktion kann auch die Interpunktion sein: Betrachten wir die Satzschlusszeichen aller Strophen, so stellen wir fest, dass die ersten vier Strophen jeweils mit einem Fragezeichen enden, dass sich jede Strophe in einer Zeile der fünften wiederholt (einschließlich des Fragezeichens) und dass das Ende des Gedichts, das Verlöschen des Feuers, durch den Punkt, der die letzte Strophe abschließt, deutlich wird. Interessant ist hier die pragmatische Ebene: Sind die Fragen tatsächlich echte Fragen? (Unterschied von Aussageform und Aussageabsicht!) Oder möchte der Autor an seine Leser/innen appellieren, ihre Sinneswahrnehmungen zu aktivieren?

Weitere Anregungen: Für den Textvortrag könnte man Gruppen von vier oder fünf Kindern bilden, die sich überlegen, wie sie den Text vortragen (entsprechend der vorgegebenen Textstruktur: das Kind, das die erste Strophe vorgetragen hat, ist auch für die erste Zeile der fünften Strophe zuständig). Dieses Gedicht eignet sich natürlich auch hervorragend für eine *musikalische* oder *rhythmische Gestaltung* (Orffinstrumente, Körperbewegungen etc.).

Das Verfahren „Textrekonstruktion" eignet sich für alle Altersstufen: entscheidend sind der Textumfang sowie die klar ersichtlichen Text-„Anschlüsse" (Verknüpfungen). Hier ein Textbeispiel für Klasse 2:

> Mich hat sie so lieb.
> Und ich sage: „Piep!"
> Manchmal sagt sie: „Mein Mäuslein!"
> Meine Mama mag Mäuse.

Wenn die Kinder ihre Lösungsversuche besprechen, kann die *richtige Lösung* im Lesebuch nachgeschlagen werden:

*eine Mama*

mag Mäuse.

Mich hat sie so lieb.

Manchmal sagt sie:

„Mein Mäuslein!"

Und ich sage:

„Piep!"

Ute Andresen

Ein weiteres Beispiel für klar erkennbare Verknüpfungen (Ein Mann – der Mann, eine Säge, sägte ab – wackelte immer noch – bis zuletzt …):

Da holte der Mann eine Säge
und sägte von den Beinen
ein Stück ab.

Ein Mann hatte einen Tisch,
der wackelte immer.

Da sägte der Mann einfach wieder ein Stück ab und,
als das nichts half,
immer noch ein wenig mehr.

Aber der Tisch wackelte immer noch.

Bis der Tisch zuletzt
keine Beine mehr hatte.

Der Mann und der Tisch
Minigeschichte von *Günter Harnisch*

Gerade für die erste und zweite Klasse kann man kurze, einfache Texte auch selbst herstellen, z. B. eine Drei-Satz-Verknüpfung über unbestimmten Artikel, bestimmten Artikel, Pronomen. Auch die Kinder können solche Kurztexte schreiben und von anderen zusammensetzen lassen.

Beispiel: *Ein* Kind spielt auf dem Hof. *Das* Kind hat einen neuen Ball. *Es* will ihn ausprobieren. (Oder: Er ist rot.)

Viele bekannte Gedichte, wie z. B. Chr. Morgensterns „Die drei Spatzen" oder „Die Tulpe" von J. Guggenmos und viele andere eignen sich sehr gut für eine Textrekonstruktion. Ebenso natürlich kurze Prosatexte (satzweise) wie: „Das grüne Fahrrad" von U. Wölfel.

Man ist immer wieder erstaunt, mit welcher Sicherheit Kinder Textanfänge finden („so fangen doch viele Geschichten an: es war einmal, eines Tages, an einem Montag …"). Die Verwendung eigener Texterfahrungen wird hier ganz deutlich.

Der Arbeitsaufwand für dieses Verfahren ist nicht besonders groß: ein Text wird kopiert, in die Einzelteile zerlegt, diese werden ungeordnet wiederum kopiert und als Arbeitsvorlagen vervielfältigt.

Im Rahmen der inneren Differenzierung können einzelne Kinder dadurch Hilfestellung bekommen, dass ihnen der Textanfang gezeigt wird, dass sie vielleicht inhaltliche Vorgaben erhalten oder größere Textteile.

Nach meiner Erfahrung ist eine Textrekonstruktion besonders geeignet für Kinder, die gewohnt sind, sich auf den Lesevortrag zu konzentrieren und wenig Interesse am Inhalt eines Textes bzw. dieses Interesse weitgehende verloren haben. Bei ausländischen Kindern ist dieses Verfahren besonders beliebt, weil sie hier Erfolge haben können, ohne jedes Wort des Textes verstehen zu müssen. Hier können die Kinder die Erfahrung machen, dass nicht jedes Wort eines Textes gleich wichtig ist für den gesamten Zusammenhang, für das Erkennen des „roten Fadens".

3. Weg: *Text rekonstruieren*

1. Lehrer/in schneidet den Text satz-, strophen- oder abschnittweise auseinander.
2. Kinder versuchen, den Text zu rekonstruieren.
3. Kinder erläutern und diskutieren ihre Ergebnisse, begründen aus dem Textzusammenhang.

4. Text ergänzen

In Sprach- und Lesebüchern sind einfache Gedichte zu finden, deren Reimwörter zum Teil nicht abgedruckt wurden, sondern von den Kindern gefunden werden müssen. Textergänzung als Strukturierungshilfe für den Leseprozess ist ähnlich, der Anwendungsbereich wird jedoch wesentlich weiter gefasst.

Die theoretische Grundlage bildet die Erkenntnis, dass dann, wenn der Leser/ die Leserin alle Textanweisungen realisiert hat, wenn alle sprachlichen und außersprachlichen Erfahrungen, die für das Verständnis dieses Textes nötig sind, aktualisiert wurden, *ein prägnanter Begriff aus dem Text* selbstständig ermittelt werden kann.

Das Verfahren besteht darin, einen wichtigen Textbegriff, sozusagen ein „Schlüsselwort", ergänzen zu lassen. An den nicht richtigen bzw. nicht vollständigen Lösungen kann oft „abgelesen" werden, inwieweit ein Kind die einzelnen Verstehensanweisungen eines Textes begriffen hat, was übersehen bzw. überlesen wurde, für welche Stellen der sprachliche oder auch der Erfahrungshintergrund zum Verständnis fehlt.

Der Arbeitsaufwand beschränkt sich darauf, einen markanten Begriff eines Textes zu ermitteln, den Text zu kopieren, den Begriff zu löschen und damit eine Arbeitsvorlage für den Unterricht zu schaffen. Der Aufwand ist also minimal.

Durch die Lücke im Text, die sowohl inhaltlich als auch von der grammatischen Struktur her passend gefüllt werden muss, entsteht ein *Leseauftrag,* eine *Suchaufgabe.* Hier wird der Zusammenhang mit dem *entdeckenden Lernen* besonders deutlich: Problemfindung (Aufgabenstellung selber finden), Problemlösung mit der Anwendung entsprechender Strategien etc.

Je nach Textbeschaffenheit können unterschiedliche Wörter ausgespart werden:
– die Überschrift (besonders bei Buchkapiteln, die keine Überschrift haben),
– ein Wort im Text,
– ein „Schlüsselwort" am Textende.

Die Lösungsvorschläge der Kinder werden gesammelt und diskutiert. Auch wenn die Lösung nicht oder nur teilweise gefunden wurde, können Argumente ausgetauscht werden, die sich auf unterschiedliche Bedeutungsebenen im Text bzw. auf die syntaktische Struktur beziehen. Der Texterschließungsprozess selbst wird hierbei im Unterricht thematisiert, wir „bewegen" uns im Bereich Reflexion über Sprache bzw. „Sprache untersuchen" im Hinblick auf Texte.

Lesestunde

Ein Hund, ein Schwein, ein Huhn, ein Hahn,
ein Specht, der grade zu Besuch,
die fanden hinterm Haus ein Buch –
was haben da die fünf getan?
Sie riefen alle laut: „Mal sehn,
was mag auf Seite eins wohl stehn?"

„Oi oi oi oi", so las das Schwein.
Da sprach der Hund: „Das kann nicht sein.
Da steht wau wau wau wau wau wau."
Der Specht rief gleich: „Ich sehs genau,
da steht tak tak tak tak tak tak."
Das Huhn las eifrig: „Gack gack gack."
Hell schrie der Hahn: „Das stimmt doch nie,
da steht kikeri kri kri kri!"

Die Eule hörte das Geschrei
im Tagversteck und flog herbei.
Nun sprach der Hahn mit wilden Augen:
„Das dumme Buch kann nicht viel taugen,
denn jedem lügts was andres vor."
Die Eule hielt es an ihr Ohr:
„Mir sagt das Buch, es läg daran,
dass keiner von euch ⬚ kann."

Hans Baumann

Lösung: „… dass keiner von euch lesen kann."

Kinder der zweiten und dritten Klasse finden bereits die Lösung für die Text-ergänzung in diesem Gedicht. Im Text gibt es einige Hinweise darauf, dass es um das *Lesen* geht: Die Tiere finden ein *Buch,* einige Tiere „lesen" etc. Diese Ver-knüpfungen auf der inhaltlichen Ebene bilden also einen deutlichen Hinweis. Ein Junge einer dritten Klasse sagte einmal: „Ich weiß, was da hin muss: ein Verb in der Grundform." Dieser Junge hat sich an der grammatischen Struktur orientiert, er hat sein sprachliches Wissen angewandt und damit einen wichtigen, richtigen Hinweis für die Lösung gefunden. Sein nächster Schritt müsste nun darin beste-hen, der inhaltlichen Spur zu folgen.

Die Aussage der Eule, dass das Buch ihr „sage", dass die Tiere nicht lesen könnten, ist für Kinder nicht ohne weiteres zu verstehen: Hier wird wieder der Unterschied deutlich zwischen Gesagtem (das Buch sagt mir) und Gemeintem (ich habe gemerkt, dass ihr nicht lesen könnt und deshalb könnt ihr mit einem Buch nichts anfangen). Das Stilmittel der Ironie zu erfassen, das auch in Fabeln häufig verwendet wird, ist für Kinder außerordentlich schwierig. Solche Erkenntnisse erweitern das Repertoire der Kinder im Hinblick auf das tatsächliche sprachliche Handeln (auch im Alltag), auf der pragmatischen Ebene. Bestimmte Stilmittel zu erkennen und wieder zu erkennen, ihre Funktion für den Text und damit für den Leser/die Leserin zu erfassen, führt zur Erweiterung der Texterschließungsfähigkeit.

Ein weiteres Beispiel, ebenfalls für 2./3. Klassen geeignet:

Wenn wir keine ☐ hätten …

Wenn wir keine ☐ hätten,
guckten wir wohl dumm.
Und wir wär'n, ich möchte wetten,
alle ziemlich stumm.

Wolltest du zum Beispiel fragen:
Wer ist der und der,
könnte ich es dir nicht sagen,
weil ich sprachlos wär'.

Führen wir einmal nach Schweden,
wüssten wir auch nicht,
dass die Schweden schwedisch reden,
weil ja keiner spricht.

Brüllen, flüstern, loben, zanken,
blödeln oder so
könnten wir nur in Gedanken,
lautlos wie ein Floh.

Christa Zeuch

Lösung: Sprache

Das Verfahren „Textergänzung" kann auf sehr viele Texte angewendet werden, vor allem auf Gedichte, die etwas Bestimmtes beschreiben, wie „Die Tulpe" oder „Der Kastanienbaum" von Guggenmos u. a., aber ebenso gut auf Prosatexte.

Der folgende Text eignet sich am ehesten für eine vierte Klasse. Da er auch für Erwachsene echte Anforderungen bereithält, möchte ich Sie bitten, nicht vorschnell die Lösung nachzusehen.

Fremdsprachen müsste man können

1 In einem Laden. Eine Verkäuferin und ein Kunde, der offensichtlich Ausländer ist. Da keiner die Sprache des anderen versteht, verständigen sie sich durch Gesten.
Kunde – legt eine Hand flach auf den Kopf.
5 Verkäuferin – nickt und holt einen Stapel Hüte herbei.
Kunde – nickt und sucht sich den passenden Hut aus.
Dann fährt er mit einer Hand um den Hals.
Verkäuferin – nickt und bringt ihm einen Stapel Halstücher.
Kunde - nickt und sucht sich eines aus. Dann hält er es mit
10 der Linken hoch, während er mit zwei Fingern der Rechten die
Bewegung des Geldzählens macht.
Verkäuferin – streckt alle fünf Finger der Linken und vier Finger der Rechten hoch.
Kunde – nickt und führt dann Zeigefinger und Mittelfinger
15 zum Mund und zieht Luft ein.
Verkäuferin – schüttelt den Kopf.
Kunde – zuckt die Achseln. Dann macht er mehrmals den
Mund auf und zu, zeigt auf seine Zähne und macht die Bewegung des Kauens.
20 Verkäuferin – überlegt einen Moment, nickt dann und zeigt
durch das Fenster auf das gegenüberliegende Haus.
Kunde – lächelt, legt einen Fünfzigeuroschein auf den Ladentisch und erhält sein Wechselgeld. Er lüftet kurz den Hut und
geht hinaus.
25 Draußen überquert er die Straße und geht in das Haus, das ihm
die Verkäuferin gezeigt hat. Die Haustür steht offen. Gleich darauf kommt er eilig und mit einem ärgerlichen, fast erschrockenen Gesichtsausdruck wieder heraus. Er blickt sich suchend
nach allen Seiten um und geht dann in Richtung Stadtmitte ab.
30 An der Wand des Hauses, das er eben für so kurze Zeit betreten
hat, sieht man ein Schild mit der Aufschrift …
…

Hans-Joachim Neumann/Sönke Zander

Viele Kinder kommen zu dem Schluss, dass die Verkäuferin den Fremden „falsch geschickt" hat. Damit haben sie schon sehr viel erfasst: sie haben gemerkt, dass die Geste des Fremden nicht eindeutig ist, jedenfalls nicht für die Verkäuferin, dass diese eine andere Bedeutung entnimmt als der Kunde in die Geste „hineingelegt" hat. Der Leser/die Leserin kann den Witz nur verstehen, wenn beide Möglichkeiten gesehen werden und erfasst wird, dass die Kommunikationspartner sich nicht auf das gleiche Referenzobjekt (Erscheinungen in der realen Welt) beziehen: die Verkäuferin denkt an Zähne, der Kunde aber hat „Essen" gemeint. Die weitere Aussage von Kindern, dass der Mann irgendwo hingeschickt wurde, wo er nicht hinwollte, wovor er sich fürchtete, ist aus den Texthinweisen richtig geschlossen worden (zur Begründung werden immer Zeilenangaben genannt): Erschrockener Gesichtsausdruck etc. Um auf „Zahnarzt" zu kommen, muss man entweder selbst die Erfahrung gemacht haben, dass der Weg dorthin wenig erfreulich ist, oder man muss wissen, dass viele andere Menschen Angst vor dem Zahnarzt haben. Ohne dieses pragmatische Wissen kann man nicht zur richtigen Lösung kommen.

Lösung: „Zahnarzt Dr. Müller" oder Ähnliches.

Weitere Anregungen:
– Als Aufgabenstellung für den *Lesevortrag* könnte man herausfinden lassen, wie viele einzelne sprachliche bzw. nicht sprachliche Handlungen in dieser Geschichte erfolgen (Zeile 4–6: Hutkauf; Zeile 7–9: Halstuch; Zeile 9–11: Frage nach dem Preis; Zeile 14–16: Frage nach Zigaretten; Zeile 17 und weiter: Entstehung des Missverständnisses): wie viele Kinder könnten also den Lesevortrag gestalten?
– Für eine *Differenzierung* im Hinblick auf den Textumfang könnte der Text erst ab Zeile 17 vorgelegt werden. Eine Differenzierung nach Schwierigkeitsgrad könnte darin bestehen, den Text vollständig zu präsentieren, vorher als *Schlüsselbegriff „Zähne"* zu klären oder den Text gliedern zu lassen als Vorbereitung für eine Pantomime oder ein szenisches Spiel.
– Eine *pantomimische Darstellung* eignet sich natürlich hervorragend für die Umsetzung dieses Textes, ebenso auch ein Spiel mit dem Einsatz von Sprache als Kontrastierung, um deutlich werden zu lassen, welchen Nutzen im Hinblick auf Eindeutigkeit die Verständigung durch Sprache hat. Eigene Erfahrungen der Kinder im Hinblick auf Missverständnisse, Ferienerlebnisse im Ausland etc., aber auch Erfahrungen ausländischer Schüler/innen in der ersten Zeit ihres Lebens in der Bundesrepublik, können schriftlich oder mündlich thematisiert werden.

Nach dem Prosa-Textbeispiel ein lyrischer Text, der für eine vierte Klasse gut geeignet und den Kindern bei der Bearbeitung ganz besonderen Spaß gemacht hat.

Die Aufgabenstellung soll selbst gefunden werden.

Los –
stoß!
Und nun flieg ich
und bieg mich
zurück – und vor,
und der Wind saust im Ohr,
und nun hin – und nun her,
ich bin leicht – ich bin schwer!
Und jetzt fliege ich, steige ich, steige ich auf!
Und falle und falle – und wieder hinauf
und mit Schwung! Und wieder: Ich steige! O schau!
Ich Vogel, ich Adler, ich Lerche im Blau!
Und der Himmel ist nun ein Glockendach weit,
und ich bin der Klöppel und schlage die Zeit!
Und ich schlage die Eins, und ich schlage die Zwei,
ich steige und falle und fliege vorbei!
Und drei – bam-bom!
Und vier – ich komm!
Und fünf – dang-ding!
Und sechs – ich spring!
Ding-dong-dang
längelang
auf die Nas
ins Gras.

Ursula Wölfel

Die Überschrift fehlt, es muss herausgefunden werden, wovon die Rede ist. Welche Lösung haben Sie gefunden? Drachen, Glocke, Schaukel? Dies sind Lösungsvorschläge von Erwachsenen. Kinder einer vierten Klasse schlagen sehr häufig Glocke vor, Einzelne auch Blatt oder Drache. Je nach Klassenzusammensetzung kommen auch einige wenige Kinder sofort auf die richtige Lösung. Die „Drachen-Theoretiker" orientieren sich an der äußeren Form. Diese gibt sicherlich Anlass zu Missverständnissen, aber die Betrachtung der Inhaltsebene des Textes macht schnell deutlich, dass die Hypothese „Drachen" spätestens ab „ich bin der Klöppel …" nicht mehr haltbar ist. Es muss also eine neue Hypothese gebildet werden. Diejenigen, die sich am Stichwort „Klöppel" orientiert haben und damit zur Hypothese „Glocke" kommen, haben viele Texthinweise erfasst, aber nicht das *Bild* realisiert. Ich *bin* der Klöppel heißt „ich fühle mich *wie* der Klöppel in der Glocke …". Genauso funktioniert die Verkürzung in Zeile elf: „ich Vogel, ich Adler, …" bedeutet „ich fühle mich wie ein Vogel etc. …". Als Kinder im Unterrichtsgespräch gemeinsam zu dieser Erkenntnis fanden, äußerte ein Kind: „Jetzt weiß ich, warum Gedichte so schwer zu verstehen sind; da steht eben nicht: ich fühle mich wie, sondern alles ganz kurz …".

Hier wurde ein wichtiges Merkmal von Gedichten erfasst, nämlich die verknappten sprachlichen Formen. Ähnliches ist auch am Anfang festzustellen: hier wird eben nicht ausführlich eine Situation beschrieben (ein Kind steht hinter der Schaukel, ein Kind sitzt auf der Schaukel; das Kind auf der Schaukel sagt zu dem Kind hinter der Schaukel: „Stoß mich bitte ab."), sondern es erfolgt sozusagen ein „direkter Einstieg" ins Geschehen. Eine Schwierigkeit ergab sich daraus, dass den Kindern der Imperativ „stoß!" nicht geläufig war: im rheinischen Sprachraum spricht man eher von „schubsen" bzw. mundartlich „deuen". Auch das Pronomen „mich" gab „Rätsel" auf: wir sind alle gewöhnt, dass Pronomen erst Verwendung finden, wenn das dazugehörige Nomen eingeführt worden ist, also bekannt ist. Dieses rätselhafte „ich" wurde schnell geklärt, als während des Gesprächs über Glocke und Blatt ein Kind zu dem Ergebnis kam, dass es sich um Schaukeln handeln müsse. Die Überschriften, die die Kinder fanden, bezogen sich alle auf das Vergnügen, das Schaukeln macht (Lebenserfahrung der Kinder). Die Überschrift heißt: „Schaukelspaß". Das Pronomen bezieht sich also keineswegs direkt auf ein genanntes Nomen: die Kinder kamen zu dem Ergebnis, dass mit diesem „ich" irgendein Kind gemeint ist, das Spaß hat beim Schaukeln, sich wie ein Vogel fühlt, sich wie der Klöppel in einer Glocke fühlt und zum Schluss auf die Nase fällt, beim Abspringen.

Als Aufgabenstellung für den Lesevortrag fanden die Kinder schı schnell die Anweisung für den Vortragenden, dass das Gedicht so klingen müsse, dass man spürt, welchen Spaß das schaukelnde Kind hat. Auch für eine anschließende Textproduktion wurden Vorschläge gemacht: das tolle Gefühl beim Fallschirmfliegen, beim Schlittenfahren, beim Skilaufen, beim Sprung vom Dreimeterbrett etc.

Ich meine, bei diesem Textbeispiel wird besonders deutlich, welche Vorteile eine ausführliche Textarbeit auf der Verstehensebene hat für zukünftige selbstständige Texterschließung. Im Zusammenhang hiermit wurde auch deutlich, wozu es nützlich ist, Wortarten benennen zu können (nämlich für die Meta-Kommunikation).

Ein Anwendungsbeispiel:

Beobachtung

Zarte, feine
klitzekleine
Spuren findest du im Schnee?
Zarte, feine
klitzekleine
Spuren – die sind nicht vom Reh!

Diese krickel
krackel Grüße
schrieb ein andrer Gast hierher:
Zickel zackel
Vogelfüße –
schau: Dort sind schon keine mehr.

Denn nur eben
fast im Schweben
hüpfte, pickte er im Lauf –
und
mit einem Sprunge,
Schwunge
flog er zu den Wolken auf.

Max Kruse

Aufgabenstellung: Bitte suchen Sie ein Wort, einen Begriff, den Sie löschen würden, um eine Aufgabenstellung für die Texterergänzung zu finden.

Es gibt sicherlich mehrere Möglichkeiten (Spuren etc.); besonders pointiert ist jedoch das Wort „Vogelfüße". Viele Texthinweise (schweben, picken, hüpfen) deuten auf „Vogel". Viele Kinder ab der dritten Klasse finden dies auch sofort heraus. Der zweite Teil „...füße" ist nicht ganz so leicht herauszufinden: ein Kind meinte jedoch einmal, Vogel alleine reiche nicht, da müsse noch etwas „dran", für den Reim, und zwar müsste sich dieses Stück auf „Grüße" reimen. Dieses Kind hat den Rhythmus, das Reimschema und somit einen großen Teil des Aufbauprinzips des Textes erfasst. Auf der inhaltlichen Ebene gibt es jedoch auch Hinweise auf Füße durch „Spuren im Schnee".

Das Verfahren der Textergänzung lässt sich also sowohl auf Prosatexte als auch auf Lyrik anwenden. Eine wichtige Voraussetzung für die Verwendung einer Textergänzung ist, dass der Text nicht bekannt sein darf. Kennen einzelne Kinder den Text, so müssen diese eine differenzierte Aufgabenstellung erhalten (Zusatzaufgabe: „Schreibe deine Meinung zum Text"; „Unterstreiche wichtige Teile" etc.). Für das Finden einer Lösung sollte auch genügend Zeit gegeben werden, damit alle Kinder die Chance haben, einen Lösungsvorschlag zu entwickeln, eine Hypothese zu bilden. Werden die Lösungsvorschläge mit Bleistift notiert, so können Hinweise gegeben werden und Korrekturen erfolgen.

Eine Differenzierung könnte darin bestehen, dass Markierungen im Text vorgenommen, dass wichtige Wörter für den Lösungsweg unterstrichen und damit Hilfestellungen für schwache Leser/Leserinnen gegeben werden.

Die Methode der Textergänzung braucht auf jeden Fall auch das klärende *Gespräch* in der Gruppe, die Thematisierung des Erschließungsweges.

4. Weg: *Text ergänzen*

1. Lehrer/in löscht zentralen Begriff.
2. Kinder erhalten Textvorlage mit Lücken und versuchen zu ergänzen.
3. Kinder vergleichen und diskutieren ihre Ergebnisse, begründen aus dem Textzusammenhang.
4. Kinder lesen Originaltext und vergleichen mit ihrer/ihren Lösung/en.

5. Text vom Ende her erschließen

Dieses Verfahren unterscheidet sich grundlegend von den Fragemethoden, die im Zusammenhang mit der Überprüfung des Textverständnisses vorgestellt werden (vgl. Kap. 3). Es basiert auf Erkenntnissen der Textlinguistik und stellt den Versuch dar, ein bestimmtes Textmodell didaktisch-methodisch nutzbar zu machen. Es liegt das Textmodell von GREIMAS zugrunde, in dem Text als Zusammenschluss von Sinnebenen (Isotopie) verstanden wird (vgl. KALLMEYER u. a. 1974). In einem Text werden Teilaussagen gemacht, die zu einer Gesamtaussage zusammenwirken. Diese Teilaussagen, sozusagen „Geschichten" in der Geschichte, bestimmen die Struktur des Textes. Wenn man vom Textende ausgeht, d. h., zuerst das Textende liest und aus dem Ende Informationen entnimmt, dann eine bzw. mehrere Fragestellungen ableitet, so dient dieser Weg dazu, den Verstehensprozess entsprechend der Textstruktur anzuleiten.

Im Alltag des individuellen Lesers/der Leserin ist vielen dieses Vorgehen geläufig: man liest zuerst das Ende eines Buches bzw. Zeitungsartikels, das Interesse ist geweckt, Informationsdefizite werden erkennbar, Fragen drängen sich auf, der Leser/die Leserin sucht sie durch weitere intensive Lektüre zu beantworten, d. h., die Fragen „leiten" den Leseprozess, sodass man auch von *fragegeleitetem Lesen* sprechen könnte.

Das *Ableiten von Schlüsselfragen aus dem Textende* stellt den Versuch dar, ausgehend von der selbstständigen Formulierung von Fragen, *Leseaufgaben* zu finden und damit Lesemotivation zu schaffen. „Fragegeleitetes Lesen" soll vor allem dazu dienen, auch längere Texte „praktikabel" zu machen für schwache Leser/innen, ihnen einen schrittweisen Zugang zu ermöglichen und damit langfristig die Bereitschaft zu fördern, *einen „roten" Faden zu suchen,* einen Text nicht gleich beiseite zu legen, wenn nicht alle Einzelheiten verstanden werden.

Dafür sind vor allem solche Texte geeignet, deren Ende deutlich Fragen aufwirft oder die mit einer Pointe abschließen. Geeignet sind auch viele lustige Geschichten, deren Pointe nicht ohne weiteres verständlich ist.

Die Kinder erhalten das Textende und lesen dieses still für sich. Dann sollen in Partnerarbeit, Gruppenarbeit oder im Klassenunterricht alle Informationen entnommen und sortiert werden, die der Text enthält. Da es sich um das Textende handelt, bleiben naturgemäß Fragen offen, es werden Vermutungen im Hinblick auf den vorausgegangenen Text angestellt. Hier muss darauf geachtet werden, dass zwischen Vermutung und Wissen, das aus dem Text gewonnen wurde, sauber unterschieden wird. Die Fragen werden schriftlich festgehalten.

Zur Differenzierung können einzelne Kinder zusätzlich Hinweise darauf erhalten, welche Zeilen des Textes besonders ergiebig sind für die Beantwortung der Fragen.

Beispiel für Klasse 2 und 3.
Textende:

> Auf Posten werde ich ziehen, mich in die Gurken legen und eigenhändig werde ich nach dem Dieb greifen und werde schreien: Oho, haltet ihn. – Fester! He!
> Und der Mann schreit aus vollem Hals.
> Wächter hören es, springen herbei, packen ihn und verbläuen den Gurkendieb.

Was erfahren die Kinder aus diesem Stück Text?

Es gibt einen „Ich"-Erzähler, der auf seine Gurken aufpassen will (auf Posten ziehen), der den Dieb fangen und schreien will; der „Ich-Erzähler" ist „der Mann" und schreit; ein Gurkendieb wird verhauen. Frage: „Ist der Mann der Gurkendieb? Wieso?"

Um diese Frage zu klären, wird der restliche Text (das Anfangsstück) still gelesen.

> Ein Mann wollte aus einem fremden Gemüsegarten Gurken mit-
> gehen lassen. Als er so unter den Gurken herumkriecht, denkt er:
> Also, den Sack mit den Gurken werde ich wegbringen und verkau-
> fen. Für das Geld kaufe ich mir ein Hühnchen.
> Das Huhn legt mir Eier, darauf setz ich die Bruthenne, das gibt ei-
> ne Menge Küken. Die Küken zieh ich auf und verkauf sie. Davon
> kauf ich mir ein Ferkelchen und daraus wird ein Schwein.
> Das Schwein wirft Ferkelchen, das Ferkel verkauf ich, kauf eine
> Stute; die Stute bringt mir Fohlen, die Fohlen zieh ich groß und
> verkauf sie; kauf mir ein Haus und lege einen Gemüsegarten an,
> zieh mir Gurken: Und – Stehlen kommt nicht in Frage. Mächtig
> werde ich aufpassen.
>
> *Leo Tolstoi*

Mögliche Zusatzaufgabe: eine Überschrift finden oder aufschreiben, *wie* die Geschichte ist („die Geschichte ist …, weil …“). (Original-Überschrift: „Gurkenstehlen“.)

Beispiel für Klasse 4.
Textende:

> „Okay, da bin ich ja im Bilde“, sagte der Sheriff, und in seine Au-
> gen trat ein feines Flackern. Dann wandte er sich an den Hilfs-
> sheriff: „Los, John, lochen Sie ihn ein!“
> „Halt!“, protestierte da der Landstreicher, und es kam plötzlich Le-
> ben in seine Gestalt. „Sie wollen mich allen Ernstes einsperren,
> Sir?“
> „Gewiss!“
> „Und wann lassen Sie mich wieder heraus, wenn die Frage erlaubt
> ist?“
> „Wann?“ – Der Sheriff lächelte freundlich. „Früher oder später,
> mein Freund, früher oder später!“

Welche Informationen bietet dieses Textstück?
    Es werden drei Personen erwähnt: Sheriff, Hilfssheriff und Landstreicher. Zwei
Leute sprechen miteinander: Sheriff und Landstreicher. Der Sheriff lässt den
Landstreicher einsperren, der Landstreicher protestiert.

Welche Vorstellungen verbinden Kinder mit einem Landstreicher, mit einem Sheriff? Welche Eigenschaften, Merkmale werden ihnen zugeordnet? Nach einem eventuellen Gespräch über diese eigenen Vorstellungen, dem Anknüpfen an eigene Erfahrungen (hier vorzugsweise sprachliche Erfahrungen, d. h. Texterfahrungen, Medien wie Film und Fernsehen eingeschlossen) setzt nun die Festlegung der Begriffe „Sheriff" und „Landstreicher" im Textzusammenhang ein.

Von den zahlreichen Aktivitäten eines Sheriffs (Verbrecherjagd etc.) ist durch die Situationsschilderung, durch die Kombination klar, dass der Sheriff sich im Gespräch mit einem Landstreicher befindet, und zwar ist dieser Landstreicher nicht auf einer Parkbank, er ist nicht dabei zu betteln etc., sondern er befindet sich höchstwahrscheinlich im Büro des Sheriffs (auch der Hilfssheriff ist anwesend).

Die weitergehende komplette Festlegung der Begriffe kann nur durch die Lektüre des restlichen Textes erfolgen, d. h., erst aus der Kenntnis des Textes heraus kann der Leser/die Leserin entscheiden, von welcher „Art" Sheriff und Landstreicher in diesem Text „berichtet" wird. Die eindeutige Festlegung ist bis hierher nur insofern erfolgt, als Sheriff und Landstreicher „dienstlich" miteinander zu tun haben.

Tafelbild
Sheriff
– will den Landstreicher einsperren
– lächelt freundlich
– antwortet ungewöhnlich, „merkwürdig"
– weigert sich, dem Landstreicher zu sagen, wann dieser wieder rauskommt
– hat ein feines Flackern in den Augen
– ist „im Bilde"
Worüber ist der Sheriff „im Bilde"?

Landstreicher
– protestiert; möchte nicht eingesperrt werden
– will sich wehren, schafft es aber nicht
– wird plötzlich lebendig
Was hat der Landstreicher gesagt oder getan?

Ein Kind fragte: „Warum antwortet der Sheriff so ungenau, so komisch?" Hier könnte man die Überlegung anschließen, wann so vage Formulierungen wie „früher oder später" benutzt werden, wie sich derjenige fühlt, dem in dieser Art geantwortet wird. Die eigenen Erfahrungen der Kinder können so thematisiert werden (pragmatischer Aspekt!).

Das vorgestellte Tafelbild entstand in einer vierten Klasse. Für schwache Leser/innen stellt es bereits eine Leistung dar, festzustellen, welche Personen erwähnt werden und was diese tun: Sheriff und Landstreicher sprechen miteinander (aus den Anführungszeichen zu ersehen), der Hilfssheriff ist lediglich anwesend. Einige Kinder kannten die Ausdrücke „ein feines Flackern in den Augen" sowie „im Bilde sein" nicht. Aus dem *Kontext* ließen sich einige Hinweise gewinnen, weitere Erklärungen erfolgten anhand von Alltagsbeispielen.

Nach der unterrichtlichen Vorarbeit mit dem Textende, nachdem also Fragen aufgeworfen wurden, die man gerne beantwortet hätte, wird der restliche Text (der Textanfang) präsentiert. Schnelle Leser/innen können die Leitfragen schriftlich beantworten oder bereits Kommentare zum Text formulieren.

Textanfang:

Verhör in Wildwest

Vor dem Sheriff stand der Landstreicher, den der Hilfssheriff aufgegriffen hatte.

„Es hat sich wohl noch nicht bis zu Ihnen herumgesprochen, dass Landstreicherei unerwünscht ist, wie?", sagte der Sheriff streng. „Woher kommen Sie?"

„Woher soll ich kommen, Sir?", sagte der Ritter der Prärie, „von da und dort!"

„Schön, Sie wollen es nicht sagen. Auch gut. Warum arbeiten Sie nicht? Arbeiten Sie überhaupt?"

„Gewiss, Sir", sagte der Tippelbruder, „ab und zu, wenns recht ist."

„Und was arbeiten Sie da?"

„Dies und das, Sir!"

„Zum Donnerwetter, in welcher Branche?"

„Nun ja, in dieser und jener, Sir, wies sich gerade ergibt."

„Wir werden schon sehen, was sich ergibt!", wetterte der Sheriff böse.

„Bei wem haben Sie im letzten Jahr gearbeitet?"

„Bei dem einen und anderen, Sir", sagte der Herumtreiber.

Der Sheriff schlug mit der Faust auf den Tisch. „Ihre Auskünfte sind wahrhaft erschöpfend!", rief er erbost. „Darf ich mich vielleicht noch erkundigen, wohin die Wanderung von hier aus gehen soll?"

„Warum nicht, Sir?"

„Also: wohin?"

„Nach überall und nirgends, Sir!", entgegnete der Tagedieb.

Martin Mulow

Nach Beendigung der Lektüre ist den meisten Kindern klar, dass der Sheriff darüber „im Bilde ist", dass der Landstreicher ihn „auf den Arm nehmen wollte". Einige Kinder fanden auch ihre Vermutung bestätigt, dass der Landstreicher dem Sheriff schon unangenehm aufgefallen ist. Jetzt wäre es natürlich sinnvoll, sämtliche Äußerungen dieser Art (von „da und dort" etc.) heraussuchen und unterstreichen zu lassen. Es wurde auch geäußert, dass der Landstreicher frech sei und der Sheriff klug, weil er im Laufe des Gesprächs erkennt, dass der Landstreicher im Moment überlegen ist und den Sheriff sozusagen „abprallen" lässt, ihn nicht ernst nimmt in seiner Rolle als Sheriff.

Weitere Anregungen:
– Für den *Lesevortrag* bietet sich hier ein Dialoglesen an (die Dialogteile können farbig gekennzeichnet werden). Der Text eignet sich natürlich auch hervorragend zum Vorspielen. Beim Lesen oder Vorspielen kommt es dann darauf an, die Textstellen, die zur Pointe des Textes führen, auch pointiert vorzutragen.
– Interessant ist es natürlich auch, die unterschiedlichen Bezeichnungen für den Landstreicher zu untersuchen („Ritter der Prärie", „der Tippelbruder", …). Diese Bezeichnungen ergeben zusammen mit der Handlung das *Bild des Landstreichers*, wie der Autor ihn *in diesem Text* gesehen haben will.
– Auch der Sheriff beruft sich nicht auf seine Amtsautorität, wie dies der Leser/die Leserin erwartet hätte („das lasse ich mir nicht bieten!"), sondern schlägt den Landstreicher sozusagen mit dessen „eigenen Waffen" und zeigt damit einen gewissen Humor. Nach der Lektüre dieses Textes sind also vorhandene Vorstellungen im Hinblick auf Sheriff und Landstreicher ergänzt oder in Frage gestellt worden.

Bei dieser Art des „fragegeleiteten Lesens" steht im Gegensatz zum Fragenstellen *nach* der selbstständigen Lektüre der Textzusammenhang im Blickpunkt; die Orientierung erfolgt nicht mehr vorzugsweise in Richtung auf die Beantwortung von Einzelfragen.

Das Gespräch in der Gruppe ist hierbei sehr wichtig. Bei Alleinarbeit, beim selbstständigen Vergleichen eigener Ergebnisse mit einer vorgegebenen Lösung, käme das Gespräch, das Aufschlüsse gibt über den individuellen Rezeptionsweg, über Stärken und Schwächen im Hinblick auf die Entwicklung der Lesefähigkeit, zu kurz. Dazu kommt, dass reichlich Antizipationsmöglichkeiten gegeben sind, da die Kinder ja Vermutungen anstellen, wie die erarbeiteten Schlüsselfragen beantwortet werden können. Diese Vermutungen sollen nach Möglichkeit auch ausgesprochen werden.

5. Weg: *Text vom Ende her erschließen*

1. Lehrer/in entscheidet, wie viel vom Textende vorgelegt werden soll.
2. Kinder lesen Textende, entnehmen Informationen und halten diese fest, leiten Fragen an den übrigen Text ab.
3. Kinder lesen restlichen Text, um die Fragen zu beantworten.
4. Kinder sprechen über die Antworten, die der Text gibt.

6. Text gliedern

Wenn jemand Wortgrenzen, Satzgrenzen, Textabschnitte, Satzzeichen wie z. B. Redezeichen, Verseinteilung bei Gedichten usw. in einem ungegliederten Text richtig setzt, dann zeigt er/sie damit, dass der Text weitgehend verstanden wurde. Die Aufmerksamkeit wird hier schwerpunktmäßig auf die syntaktische Struktur gelenkt. Da diese aber nicht unabhängig von der semantischen und pragmatischen Struktur existiert, führt die Auseinandersetzung mit der Gliederung eines ungeordneten Textes zu Überlegungen, die sich auf das Erfassen der „Anweisungsstruktur" (vorrangig Verknüpfungsanweisungen) eines Textes beziehen.

Das Verfahren sieht also folgendermaßen aus:

Ein kurzer Text bzw. eine Überschrift wird ohne Wortgrenzen, in Kleinschreibung präsentiert, z. B.: Herausfinden eines Buchtitels: *emilunddiedetektive.*

Kirschkuchen

Ein Gast, ein Kellner
Der Herr wünschen? Eine Tasse Kaffee und ein Stück Kuchen!
Was für Kuchen wünschen der Herr? Was haben Sie denn?
Kranzkuchen – Pfannkuchen – Kirschkuchen – Pflaumenkuchen – Napfkuchen – Baumkuchen – Streuselkuchen – Mohnkuchen.
Genug! Genug! Bringen Sie ein Stück Kirschkuchen!
Bitte sehr. – Bitte sehr, der Herr: Kirschkuchen!
Der Kaffee kommt sofort – wird frisch gebrüht.
Danke sehr! Herr Ober! Der Herr wünschen? Was ist das für Kuchen? Kirschkuchen! Aha, Kirschkuchen!
Herr Ober! Bitte, mein Herr? Was ist das für Kuchen?
Kirschkuchen!! Aber da sind doch gar keine Kirschen drin!

Haben Sie schon mal Hundekuchen gesehen, in dem Hunde drin sind?

Peter Charlot

In diesem Text fehlen die Redezeichen. Deshalb gibt es in ihm eine Stolperstelle, nämlich in Zeile 6: Hier spricht der Ober zweimal hintereinander. Er schließt die Rede ab, geht weg, kommt wieder und spricht wieder. Um an dieser Stelle zur richtigen Lösung zu kommen, muss der Leser/die Leserin die eigene Alltagserfahrung einbeziehen (Erfahrungen, Erlebnisse im Restaurant, mit der Sprechweise von Kellnern).

Beim Nachdenken darüber (Sprache untersuchen), wie der Witz der Geschichte entsteht, befinden wir uns im Bereich der Wortbedeutung bei zusammengesetzten Wörtern. Kirschkuchen ist Kuchen mit Kirschen, Hundekuchen dagegen ist Kuchen für Hunde. Da der Ober dies außer Acht lässt, kann er den Gast ins vermeintliche „Abseits" drängen. Der Leser/die Leserin muss sich diesen feinen Unterschied bewusst machen, um den Witz zu erfassen.

Das Herausfinden der Redeteile, das Setzen der Anführungszeichen, hat die Funktion, den Lesevortrag, das Dialog-Lesen, vorzubereiten bzw. zu ermöglichen. Dies könnte dann bei einem Elternnachmittag präsentiert werden.

Bei Gedichten (gereimten wie bei solchen ohne Reim) dient das Gliedern dem Herausfinden der einzelnen Verse und Strophen. Fast alle Gedichte sind hierzu geeignet.

Vom Trampeltier

Das Trampeltier, das Trampeltier fragt: „Warum spielt ihr nicht mit mir?" Die anderen sagen: „Weg mit dir! Du bist zu blöd, du Trampeltier!" Jetzt übt das Trampeltier Klavier. Bis fünf nach vier. (Es wird bestimmt einmal berühmt als Pianist, weil das im Leben oft so ist.)

Jutta Richter

Bei richtiger Gliederung wird das Reimschema bzw. der Rhythmus des Gedichts und damit ein wesentliches Strukturmerkmal erfasst. Die Auseinandersetzung mit dem Inhaltsaspekt steht hier nicht im Vordergrund, aber sie kann auch nicht außer Acht gelassen werden.

Für die Einteilung, die ein Kind gewählt hat, müssen immer Begründungen genannt werden. Hierdurch entstehen Diskussionen bzw. Gespräche innerhalb der Gruppe, die zu einem besseren Textverständnis führen können.

Auch für einen unbearbeitet vorliegenden Text kann ein Gliederungsauftrag gegeben werden, nämlich indem die Kinder überlegen, in welcher Aufteilung sie einen bestimmten Text vortragen. Vorgegeben werden kann hierbei die Anzahl der Vortragenden (auch als Differenzierungsmaßnahme).

Am Beispiel des Gedichts *„Was denkt die Maus am Donnerstag"* (das im Übrigen auch sehr gut geeignet ist für eine ungegliederte Vorlage und eine Einteilung in Verse und Strophen) soll das Vorgehen verdeutlicht werden: Nach der selbstständigen Texterschließung durch Antizipation wird den Kindern die Aufgabe gestellt, das Gedicht in Partnerarbeit vorzutragen. Wird dann eine sinnvolle Aufteilung für den Lesevortrag gefunden, so haben sie damit nachgewiesen, dass sie die Struktur des Textes verstanden haben, ohne dies verbalisieren zu müssen.

Alle Kinder kommen auf die Einteilung Frage – Antwort, Frage – Antwort (erste Strophe, zweite Strophe; wieder dritte Strophe gegenüber der vierten). Einige Kinder kommen aber auch darauf, den Text anders einzuteilen, und zwar erster Teil (die ersten drei Strophen) gegenüber dem zweiten Teil: im zweiten Teil spricht die Maus, was daran zu erkennen ist, dass das Pronomen „ich" genannt wird. Einige Kinder äußerten, dass im ersten Teil jemand anderes spreche, konnten aber nicht genau sagen, wer. Im gemeinsamen Unterrichtsgespräch wurde dann ermittelt, dass man an der Verbformen (dritte Person) erkennt, dass über jemanden gesprochen wird, in diesem Falle über die Maus. Derjenige, der über die Maus spricht, ist der Autor. Im Anschluss daran erfolgte die Überlegung, dass ja der Autor das ganze Gedicht geschrieben hat, also auch im ersten Teil die Fragen stellt, die keine echten Fragen darstellen (rhetorische Fragen) und im zweiten Teil die Maus sprechen lässt. Am Beispiel der unechten Frage wird wiederum deutlich, dass Aussageform und Aussageabsicht nicht unbedingt übereinstimmen.

6. Weg: *Text gliedern*

1. Lehrer/in wählt geeignete Gliederungsmöglichkeit, bereitet den Text entsprechend vor.
2. Kinder lesen still, gliedern den Text.
3. Kinder stellen Gliederungsmöglichkeiten vor, begründen, diskutieren.

7. Texte vergleichen

Beim Textvergleich kommen die Autorenaussage, die Besonderheiten des einzelnen Textes in den Blick, z. B. die Frage: welche Sichtweise des Themas will der Autor/die Autorin vermitteln – eine positive oder negative, eher gefühlsbetonte oder eher lustige, eher nachdenkliche oder unterhaltende …?

Aus diesen Erkenntnissen lassen sich natürlich vorzüglich Aufgabenstellungen für den *Lesevortrag* gewinnen.

Wer liest, ist gezwungen, sich mit den *unterschiedlichen Sichtweisen* auseinander zu setzen und von daher das eigene Textverständnis zu klären. Dabei wird die Besonderheit eines Textes, auch einer Textsorte, deutlich. Beim Vergleich eines Lexikontextes und eines lyrischen Textes, wie z. B. dem Regenbogengedicht von Guggenmos oder einem Katzengedicht mit einem entsprechenden Text aus einem Kinderlexikon, kann der Unterschied zwischen Sachtext und emotionalem Text klar werden. Vielleicht wird auf diese Weise auch der Zugang zum Gedicht erleichtert (persönliche Sichtweise) oder das Interesse an einer sachlichen Vertiefung geweckt.

Bei den folgenden Beispielen soll zuerst der Text um die Überschrift ergänzt werden.

Ich kenne ein Tier,
das ist ganz aus Papier.
Aus Papier ist es ganz,
eine Schnur ist der Schwanz.

Aus Holz sind die Knochen.
Es kommt nicht gekrochen.
Zu den Wolken hoch droben
hat der Wind es gehoben.

Die Wolken, sie fahren,
sie eilen in Scharen.
Die Wolken, sie eilen,
das Tier muss verweilen.

Es möchte so gerne
mit in die Ferne.
Doch es kann nicht – der Franz
hält es am Schwanz!

Josef Guggenmos

Ich segle stolz in blauer Höh'
und lache auf euch nieder.
Wenn ich die Welt von oben seh',
freut mich das Dasein wieder.
Ein ganzes Jahr musst' ich daheim
in einem Winkel liegen.
Nun aber darf ich glücklich sein,
darf fliegen,
fliegen,
fliegen.

Vera Ferra-Mikura

Einigen Kindern wurde nur das Guggenmos-Gedicht vorgelegt. Sie fanden sofort heraus, dass ein Drachen beschrieben wurde, und zwar durch die Hinweise: „ein Tier aus Papier, … Schnur, Schwanz, Wolken …". Die Kinder, die nur das Gedicht von Ferra-Mikura bekamen, brauchten etwas länger, um herauszufinden, dass das „Ich" ein Drachen ist. Es könnte also sein, dass die Beschreibung des Drachens schneller oder eher erfasst wird, da anschaulicher und konkret vorstellbar. Außerdem hatten die Kinder einige Zeit vorher einen Drachen gebastelt und damit die entsprechende Erfahrungsgrundlage.

Die gleichzeitige Präsentation von zwei oder mehr Texten zu einem Thema kann auch dem leichteren Erschließen eines etwas schwierigeren Textes dienen: Wurden beide Gedichte gleichzeitig präsentiert, so war sofort klar, dass sie von einem Drachen handelten. Auf die Frage, worin denn der Unterschied bestehe, wurde sehr schnell herausgefunden, dass der Papierdrachen von seinem tollen Gefühl beim Fliegen erzählt, im Guggenmos-Gedicht jedoch der Drachen bedauert wird, weil er nicht weg kann, weil er festgehalten wird. Damit wurde die jeweilige Autorintention thematisiert.

Die beiden Gedichte könnte man in einer zweiten oder dritten Klasse einsetzen, ebenso den folgenden Prosatext vom „Drachensteigen". Alle drei Texte könnten gleichzeitig gegeben werden als Differenzierung für eine leistungsstarke Kindergruppe oder für eine Gruppenarbeit in einer dritten oder vierten Klasse.

Drachensteigen

Wenn der Herbst die Blätter golden färbt, treffen sich die Kinder auf den Wiesen.
„Wir lassen Drachen steigen!", rufen sie.
Sie spulen die Schnur ab, und der Wind trägt die bunten Papiergesellen hinauf.

„Diesmal habe ich auch einen Drachen", sagt der kleine Jörg.

„Na ja", meinen die anderen.

Der Drachen sieht ein bisschen zerknittert aus.

Aber dafür hat ihm Jörg ein freundliches Gesicht aufgemalt.

Und dann gibt es eine Überraschung: Jörgs Drachen steigt höher als alle anderen!

„Hurra!", schreit Jörg. „Mein Drachen ist der König!"

Den ganzen Nachmittag rennen die Kinder über die Wiesen.

Als es dämmrig wird, sind sie müde.

„Wir wollen nach Hause gehen", sagen sie, und sie wickeln die Drachenschnur auf.

Aber Jörg steht mit leeren Händen da.

„Wo ist dein Drachen?", wollen die anderen wissen.

„Ich habe ihn freigelassen", sagt Jörg. „Er wollte hinauf zum Abendstern."

„Du bist dumm", lachen die Kinder, und sie laufen nach Hause.

Der kleine Jörg aber steckt die Hände in die Hosentaschen und geht fröhlich heim.

Gina Ruck-Pauquèt

Der dritte Drachentext wurde in einer dritten Klasse im Anschluss an die beiden ersten gegeben und die Aufgabe gestellt herauszufinden, ob die Geschichte etwas zu tun hat mit einem der Gedichte. Alle Kinder einer dritten Klasse meinten, dass „Jörg" anders gehandelt habe als „Franz" (dass „Franz" für viele Kinder steht, hatten nur einige erfasst). Mehrere kamen zu dem Schluss, dass „Jörg" sich vorstellen konnte, wie der Drachen sich in der Luft fühlte, nämlich wie in dem Gedicht vom Papierdrachen, und ihn deshalb „freigelassen" hätte. Im Anschluss hieran entspann sich eine heftige Diskussion, ob das denn vernünftig sei, einen Drachen einfach fliegen zu lassen („hat Geld gekostet"), und wie das „überhaupt" mit eingesperrten Tieren sei. Auf jeden Fall wurde deutlich, dass verschiedene Autoren und Autorinnen für dieselbe „Sache" höchst unterschiedliche Sichtweisen haben können, dass wir selbst als Leser und Leserinnen vielleicht noch eine ganz andere haben, aber durch das Lesen angeregt werden, über andere und eigene Vorstellungen nachzudenken.

Dieser Gedanke kann auch beim *Textvergleich mit einem selbst geschriebenen Text* umgesetzt werden, wobei zusätzlich das Moment der Antizipation einbezogen wird. Der thematische Schwerpunkt wird aus dem Autorentext gewonnen. Beispiel aus einer vierten Klasse: Die Kinder nannten auf die Frage nach den Sinnen des Menschen: „sehen, riechen, hören, schmecken, fühlen". Diese fünf Wörter standen untereinander an der Tafel, versehen mit einer großen Klammer. Die Aufgabenstellung hieß: Schreibt einen Text, egal was, indem ihr diese Wörter mit dem Wort verbindet, das gleich angeschrieben wird: „Sommer".

Bei dieser im Hinblick auf die Textsorte offenen Aufgabenstellung schrieben die Kinder sehr unterschiedliche Texte: eher sachbezogen wie für ein Lexikon; aber auch eigene Erlebnisse, Eindrücke, Meinungen etc.

Nachdem die eigenen Texte vorgestellt worden waren, wurde der folgende Gedichttext still gelesen, und zwar mit der Aufgabenstellung, herauszufinden, was der eigene Text bzw. die Kindertexte mit dem Autorentext zu tun haben.

Sommer

Weißt du, wie der Sommer riecht?
Nach Birnen und nach Nelken,
nach Äpfeln und Vergissmeinnicht,
die in der Sonne welken,
nach heißem Sand und kühlem See
und nassen Badehosen,
nach Wasserball und Sonnenkrem,
nach Straßenstaub und Rosen.

Weißt du, wie der Sommer schmeckt?
Nach gelben Aprikosen,
nach Waldbeeren, halb versteckt
zwischen Gras und Moosen,
nach Himbeereis, Vanilleeis
und Eis aus Schokolade,
nach Sauerklee vom Wiesenrand
und Brauselimonade.

Weißt du, wie der Sommer klingt?
Nach einer Flötenweise,
die durch die Mittagsstille dringt,
ein Vogel zwitschert leise,
dumpf fällt ein Apfel in das Gras,
ein Wind rauscht in den Bäumen,
ein Kind lacht hell, dann schweigt es schnell
und möchte lieber träumen.

Ilse Kleeberger

Das *Wiederfinden* und *Vergleichen* im Zusammenhang mit der Rezeption des Autorentextes führte die Kinder sehr schnell zu der Erkenntnis, dass die Autorin ihre ganz persönliche Sicht des Sommers, der Stimmungen, der Eindrücke wiedergibt. Dass sie dies in Gedichtform tut, ist zumeist ein deutlicher Unterschied zu den Kindertexten. Die *Funktion* des Stilmittels der *Wiederholung* (derselbe Anfang jeder Strophe „weißt du, wie der Sommer …") wird oft spontan herausgefunden: der Appell an den Leser/die Leserin, sich vorzustellen, wie der „Sommer riecht, schmeckt, klingt", vielleicht auch selbst zu überlegen, welche Eindrücke vorhanden sind. (Auch hier stellen die Fragen inhaltlich Aufforderungen dar.)

Bei der Arbeit mit dem Textvergleich kommt es *nicht* darauf an, Texte zu bewerten bzw. die eigenen Texte abzuwerten, sondern darauf, Texte als etwas individuell „Produziertes" zu erfahren. D. h. auch, anzuerkennen, dass eventuell der Autor/die Autorin im Hinblick auf die Gestaltung eines Textes, durch die besondere sprachliche Gewandtheit bzw. Kreativität, durch besondere Ideen Aufmerksamkeit und Anerkennung gefunden hat.

Das Schreiben und der Vergleich der eigenen Texte dient sowohl der inhaltlichen Vorbereitung als auch der Motivierung der Kinder: Interesse soll geweckt werden durch das Formulieren der eigenen Sichtweise, der eigenen Erfahrungen; einiges vom Selbstgeschriebenen wird sicherlich wiedergefunden, Neues gibt es zu entdecken. Auch gewisse Hemmungen gegenüber Gedichten und darin ausgedrückten sehr subjektiven Befindlichkeiten können durch eine vorhergehende eigene Textproduktion überwunden, die Kinder können emotional mehr beteiligt werden.

Für einen Textvergleich eignen sich viele Texte, da bestimmte Themen häufig bearbeitet werden. Für den Vergleich mit einem selbst verfassten Text eignen sich vor allem solche Texte, die die Erfahrungen der Kinder aufnehmen oder kontrastieren, wie z. B. „Urlaubsfahrt" von H. A. Halbey oder „Das Feuer" von J. Krüss (Feuer sehen, riechen, schmecken …) und viele andere.

7. Weg: *Texte vergleichen*

1. Lehrer/in wählt zwei oder mehrere Texte zu einem Thema aus bzw. bestimmt eine Schreibaufgabe.
2. Kinder lesen still, vergleichen in Partner- oder Gruppenarbeit die Texte *oder* schreiben eigene Texte, stellen sie vor, vergleichen mit dem Autorentext.

8. Text bildnerisch umsetzen

Dieses Verfahren eignet sich besonders für jüngere Kinder. Die bildnerische Darstellung kann in Form einer Zeichnung, eines Comics, einer Collage etc. erfolgen. Auch eine Schwarz-Weiß-Illustration kann entsprechend den Textangaben coloriert werden.

Für eine bildnerische Gestaltung bzw. Wiedergabe eignen sich nicht alle Texte: Gedankengänge, Empfindungen, Gespräche etc. sind schlecht darstellbar. Gegenstände, Personen, Orte, die beschrieben werden, bzw. Ereignisse sind dagegen günstig für eine bildliche Wiedergabe.

Die Aufgabenstellung kann eher „eng" oder eher „weit" erfolgen, sie kann sich auf einen Textausschnitt oder auf den gesamten Text beziehen.

Beim Vergleich von Bildern verschiedener Kinder können auch Unterschiede in der Auffassung deutlich werden. Damit können interessante Gesprächsanlässe für einen Meinungsaustausch gegeben sein sowie für eine Überprüfung des Textverständnisses.

Bei dem folgenden Gedicht, eingesetzt in einer zweiten Klasse, geht aus einer Zeichnung deutlich hervor, welche Verstehensschwierigkeit das Kind hatte:

Trampolin

Das Trampolin
stammt aus Berlin
und ist nur mit Schwung zu betreten.
Man tritt darauf
und hört nicht auf.
Es sei denn,
man wird drum gebeten.

Christine Koller

Das Wort „gebeten" war dem Kind offensichtlich nicht geläufig („bitten" vermutlich auch nicht, aber erst recht nicht das Partizip!), und es hat seine eigene „Wirklichkeit" rekonstruiert, mit dem Begriff gearbeitet, der ihm eher etwas sagt: „beten".

Die Kinder hatten den Auftrag bekommen, zu dem Gedicht ein Bild zu malen. Alle Kinder malten einen Menschen, der auf einem Trampolin springt (dies ist ihnen aus dem Sportunterricht bekannt); einzelne Kinder malten auch „Berlin".

Am einfachsten zu malen ist natürlich eine Orts- oder Pesonenbeschreibung: Zu dem Buchstaben von „Oh, wie schön ist Panama" von Janosch malten alle Kinder einer zweiten Klasse „richtige" Bilder, in denen viele Einzelheiten des Textes wiedergegeben wurden (Angeln, Pilze suchen, Haus mit Rauch, große Bäume, Boot). Obwohl dies nicht im Text erzählt wird, malten einige Kinder das Boot, während es zum Angeln benutzt wird (eigene Erfahrung/Interpretation?).

Oh, wie schön ist Panama

Es waren einmal ein kleiner Bär und ein kleiner Tiger, die lebten
unten am Fluss.
Dort, wo der Rauch aufsteigt, neben dem großen Baum.
Und sie hatten auch ein Boot.
Sie wohnten in einem kleinen, gemütlichen Haus mit Schornstein.

„Uns geht es gut", sagte der kleine Tiger, „denn wir haben alles, was das Herz begehrt, und wir brauchen uns vor nichts zu fürchten. Weil wir nämlich auch noch stark sind. Ist das wahr, Bär?"
„Jawohl", sagte der kleine Bär, „ich bin stark wie ein Bär, und du bist stark wie ein Tiger. Das reicht."
Der kleine Bär ging jeden Tag mit der Angel fischen, und der kleine Tiger ging in den Wald Pilze finden.
Der kleine Bär kochte jeden Tag das Essen; denn er war ein guter Koch.

Janosch

Auch bei dem folgenden Buchauszug, eingesetzt in einer dritten Klasse, wurden unterschiedliche Einzelheiten wiedergegeben: mal die Katze, die „oben auf der Tafel landet", mal die Lehrerin, die im Mittelgang herumläuft, immer die leeren Bänke, die Kinder, die die Klasse verlassen und auf dem Schulhof ankommen, sowie das zerstörte Aquarium. Vielleicht lässt sich aus der bildlichen Wiedergabe ersehen, was ein Kind besonders beeindruckend bzw. wichtig fand.

Textauszug aus:

Barbara Robinson: **Hilfe, die Herdmanns kommen**

Einmal fegte Klaus Herdmann die ganze erste Klasse in drei Minuten leer, als er die Katze als Anschauungsmaterial in den Biologieunterricht mitbrachte. Er hatte sie zwei Tage lang nicht gefüttert, sodass sie besonders wild war. Dann brachte er sie in einem Karton mit in die Schule, und als er den Karton öffnete, schoss die Katze heraus – senkrecht in die Luft. Sie landete oben auf der Tafel und brachte ihr auf dem Weg nach unten vier tiefe, lange Schrammen bei. Dann raste sie wild durch die Gegend, kratzte die kleinen Kinder, hinterließ überall Katzenhaare und zerfetzte Bücher und Papier.

Die Lehrerin, Fräulein Brendel, schrie den Kindern zu, sie sollten auf den Schulhof rennen. Sie zog sich einen Mantel über den Kopf, nahm einen Besen und versuchte, die Katze in die Ecke zu treiben. Natürlich konnte sie mit dem Mantel über dem Kopf nichts sehen. Also rannte sie nur den Mittelgang auf und ab und rief dabei: „Komm, Mieze!", und schlug jedesmal mit dem Besen zu, wenn die Katze fauchte. Sie zerschlug dabei eine Krippe mit der Heiligen Familie, einen Leuchtglobus und ein Aquarium mit 90 Liter Wasser und ungefähr 65 Goldfischen.

Dabei schrie sie die ganze Zeit, Klaus solle kommen und seine Katze fangen. Aber Klaus war mit dem Rest der Klasse auf den Schulhof gegangen.

Später, als Fräulein Brendel alle, die etwas Blut vorweisen konnten, mit Heftpflaster verarztete, fragte sie Klaus, warum er um alles in der Welt nicht gekommen sei, um seine Katze einzufangen.

„Sie haben doch gesagt, wir sollen auf den Hof!", sagte Klaus. Geradeso, als wäre er ein ganz normaler Erstklässler, der immer nur das tut, was ihm die Lehrer sagen.

Die Katze beruhigte sich ein wenig, als sie etwas zu fressen fand – sie fraß fast alle Goldfische und die beiden zahmen Mäuse, die

Ramona Bindinger mitgebracht hatte. Ramona heulte so anhaltend („Ich kann sie nicht einmal begraben", schluchzte sie), dass man sie nach Hause schicken musste.

Das Klassenzimmer war in einem schrecklichen Zustand, überall zerbrochenes Glas, Papierfetzen und Bücher, Wasserpfützen und tote Goldfische; Fräulein Brendel war auch in einem schrecklichen Zustand, und die meisten Erstklässler waren hysterisch. Man gab ihnen für den Rest des Tages frei.

Klaus nahm die Katze wieder mit nach Hause, und von da an galt die Regel, dass niemand mehr etwas Lebendiges als Anschauungsmaterial in den Unterricht mitbringen durfte.

Wird ein Buch Kindern auf diese Weise vorgestellt, so kann daraus auch die Motivation erwachsen, das ganze Buch zu lesen, durch Illustrationen zu ergänzen (Wandzeitung!) bzw. vorhandene Bilder zu untersuchen (Wird im Bild mehr oder weniger erzählt als im Text? Wie ist die eigene Vorstellung gewesen? etc.).

Gibt es bei einem Text mehrere Möglichkeiten, so kann man offen lassen, wie viele und welche „Szenen" sich die Kinder zum Malen aussuchen bzw. abwarten, ob ein wesentlicher Aspekt des Textes (z. B. das Trampolinspringen) erfasst wurde oder durch Angabe einer Bilderzahl differenzierende Hilfestellung geben. Bei der „Geschichte von den Rosinenbrötchen" (U. Wölfel) malten alle Kinder einer dritten Klasse zumindest zwei „Etappen" (dass das Kind in der Geschichte zuerst spielt und dann mit vielen Brötchen nach Hause kommt), nachdem der Arbeitsauftrag nur hieß, zum Text zu malen.

Längere Geschichten können in Bilderfolgen aufgelöst werden. Zu Bildern kann die Geschichte vorgelesen oder erzählt werden.

8. Weg: *Text bildnerisch umsetzen*

1. Lehrer/in wählt geeigneten Text aus.
2. Kinder lesen den Text still.
3. Kinder malen zum Text entweder ein Bild oder mehrere.
4. Kinder stellen Ergebnisse vor und sprechen darüber.

9. Text grafisch umsetzen

Hierbei geht es um eine relativ abstrakte Darstellungsweise von Bezügen, z. B. Aktion – Reaktion, Beziehungen von Personen zueinander etc. in Form von Strichmännchen, Kreisen oder Ähnlichem. Da dies nicht ganz einfach ist, ist die Methode der grafischen Darstellung eher für dritte und vierte Klassen geeignet.

Eine Vorübung bzw. Vorstufe könnte darin bestehen, mit Mensch-Ärgere-Dich-Nicht-Püppchen oder an der Flanelltafel die Haltung von Personen zueinander in verschiedenen „Etappen" darzustellen. Die Aufgabenstellung hierfür wie auch für eine zeichnerische Darstellung mit Strichmännchen und Verbindungslinien könnte durch Vorgaben strukturiert werden: z. B. bezogen auf den Text „Pfeifkonzert" von U. Wölfel: stelle die Beziehungen der Kinder zueinander in drei Szenen oder Zeichnungen dar. Hierbei muss allerdings überlegt werden, dass durch die Vorgaben auch Einschränkungen bzw. Einengungen entstehen können, die eher behindern als helfen.

Das folgende Textbeispiel wurde in einer vierten Klasse eingesetzt. Die Zeilenangaben in Klammern galten für einen gekürzten Text, den einige der ausländischen Kinder erhielten. Nach dem stillen Lesen wurde in Gruppenarbeit beraten und gezeichnet (auf Folien).

Kindergeschichte

Alle mögen die Sabine. Aber ich mochte sie am meisten. Bis gestern. Das kam so: Ich sah aus dem Fenster.
Da ging der Lukas mit dem Schulranzen. „Warte!", rief ich. „Ich komme mit!", „Ich hab's eilig!", sagte er und ging weiter. Ich lief hinter ihm her. „Ich gehe aber woanders hin!", sagte der Lukas. „Ich auch!", sagte ich, obwohl ich nichts verstand. „Hat die Sabine dir auch gesagt, dass du sie abholen sollst?", fragte der Lukas.
So kam es heraus. Mir hatte sie nichts gesagt, wo ich sie doch am meisten mochte. Aber nun ging ich aus Trotz mit.
Sabine kam aus dem Haus und sagte nur: „Da seid ihr ja beide." Sie schien sich gar nicht zu wundern, dass wir sie beide zur Schule abholen wollten. Sie ging zwischen Lukas und mir und lachte uns an. Aber mir war nicht zum Lachen. Ich zog den Lukas am Ärmel und blieb zwei Schritte zurück.
„Ab heute bist du mein Feind", sagte ich. „Wir machen einen Zweikampf. Und wer gewinnt, darf dann immer Sabine abholen." Lukas machte ein ernstes Gesicht. Er war kleiner und schwächer als ich.
„Wenn du meinst", sagte er. Sabine hüpfte und sprang vor uns her. Sie fand es wohl lustig, dass es ihretwegen einen Zweikampf gab.

Nach der Schule saß Sabine vor dem Schulhof auf der Bank und wartete auf uns. „Ihr könnt anfangen", sagte sie und steckte sich eine Bonbon in den Mund. „Ich bin Schiedsrichter." Sie freute sich richtig auf den Wettkampf.

Lukas warf seinen Schulranzen ab und stellte sich auf. Ich stieß den Lukas vor die Brust, dass er rückwärts ins Gras fiel. Dann drehte ich mich um und ging davon. Sabine lief hinter mir her und sagte: „Du hast gewonnen. Du darfst mich morgen abholen." „…", sagte ich.

Rosemarie Künzler

Die Ergebnisse aller Gruppen waren zufriedenstellend. Kein Kind hatte jedoch den Text im Sinne des Autorentextes ergänzt („Ich will aber nicht."). Alle Kinder dieser Klasse, in der es zahlreiche Konflikte und Konkurrenzsituationen gibt, waren der Meinung, dass der Sieger jetzt den verdienten „Lohn" erhält. Durch die Konfrontation mit dem Textende („Weil es nur darum ist, weil ich stärker bin als der Lukas." Sabine streckte mir die Zunge raus und drehte sich um. Mein Herz war schwer wie ein Stein. Ich mochte die Sabine wirklich sehr. Bis gestern.) entstand ein intensives, fruchtbares Gespräch.

Für die Methode der grafischen Darstellung eines Textinhaltes eignen sich unter anderem Texte, die eine Entwicklung menschlicher Beziehungen zum Thema haben. Daher wird dieses Verfahren häufig im Religionsunterricht angewendet.

Als besonders geeignete Arbeitsform erscheint mir die *Gruppenarbeit,* da die Kinder dann nach der individuellen Lektüre ihre Meinungen austauschen, im Gespräch klären können, wie die Entwicklung der im Text dargestellten Beziehungen zu beurteilen ist.

Eine Differenzierung kann darin bestehen, Abschnitte vorzugeben. Gliederung und grafische Darstellung eines Textes eignen sich auch sehr gut als Vorarbeit für eine szenische Umsetzung (s. 10. Weg).

9. Weg: *Text grafisch umsetzen*

1. Lehrer/in prüft, ob der ausgewählte Text für eine grafische Umsetzung geeignet ist.
2. Kinder lesen still.
3. Kinder stellen den Textinhalt in Partner- oder Gruppenarbeit grafisch dar.
4. Kinder stellen ihre Ergebnisse vor und sprechen darüber.

10. Text szenisch umsetzen

Diese Methode kann von der ersten bis zur vierten Klasse eingesetzt werden. Geeignet sind hierfür solche Texte, die eine spielbare Handlung enthalten. Als Strukturierungshilfe kann folgendes Raster dienen, das die Kinder der Klasse oder der Gruppe nach der Lektüre gemeinsam ausfüllen:

Wer spielt mit?	Wo spielt sich etwas ab?	Was passiert?

Nach dem Vorspielen einer Gruppe kann das dargestellte Textverständnis besprochen werden. Manchmal wird hier deutlich, was Kinder nicht verstanden haben. Bei der Geschichte vom grünen Fahrrad (U. Wölfel) muss beispielsweise die Autorenintention, die Textaussage (das Mädchen hat sein Fahrrad wieder grün gestrichen), in wörtliche Rede „übersetzt" werden. Einige Kinder fanden hierzu Aussagen wie „jetzt mache ich es, wie ich will", andere hatten den Schluss nicht verstanden und wussten nicht, was sie sagen sollten; türkische Mädchen meinten einmal, das Mädchen müsse doch tun, was der Bruder sagt oder den Vater fragen. Der oben genannte Text ist sehr gut geeignet zur Umsetzung in szenisches Spiel, besonders für jüngere Kinder.

Zur Differenzierung können verschiedene Vorgaben dienen: schon vorhandene Zeilennummerierung (die von anderen Kindern selbst gemacht wird), eine Einteilung des Textes in „Handlungsabschnitte", Hilfen beim Ausfüllen des Rasters.

Bumfidel fährt einen Wagen? Jawohl!

Bumfidel kauft für die Mutter ein und für andere Leute auch manchmal. Das tut er gern. Wenn er zu den hohen Regalen nicht hinaufreichen kann, bittet er die Verkäuferin. Dann steht Bumfidel an der Kasse an. Er bezahlt für: Butter und Schmalz, Eier und Salz, Wurst und Käse. Und für Majonäse. Auch für Milch und Brot. Und für Obst, das macht die Wangen so rot. Und noch für allerlei anderes. Bumfidel gibt sehr genau acht, dass das Fräulein sich nicht vertippt. Er kennt sich mit Zahlen schon recht gut aus.

Bumfidel hat eigene Taschen dabei. (Die Mutter hält viel von Umweltschutz.) Vier sind platzvoll. Eine fünfte halb. Bumfidel winkt dem jungen Mann, der auch anderen behilflich ist. Er zeigt auf die Beutel. „Können Sie mir die bitte zu meinem Wagen bringen? Die sind so schwer."

Doch der junge Mann fasst die Taschen gar nicht erst an. Er tippt sich an die Stirn. An die eigene, obwohl er Bumfidel meint.

„Machst du Witze, Freundchen? Du willst doch nicht behaupten, dass du schon einen Wagen fährst?" Bumfidel reckt sich. „Das will ich", sagt er und zieht seinen Leiterwagen herbei. „Oder ist das kein Wagen?", sagt er. „Ist das ein Bett?"

Marieluise Bernhard von Luttizt

Hier gibt es nur eine Spielszene:
– Wer …?   Bumfidel, eine Kassiererin, ein Helfer
– Wo …?   An einer Supermarktkasse
– Was passiert? Bumfidel passt auf, bezahlt, packt ein, spricht mit dem Helfer.

Viele andere Bumfidel-Geschichten sind ebenfalls spielbar. Hieraus könnte sich eine arbeitsteilige Gruppenarbeit mit unterschiedlichen Texten ergeben. In diesem Falle können die zuschauenden Kinder beurteilen, ob die Handlung verständlich dargestellt wurde. Die Kontrolle bzw. Überprüfung der „Richtigkeit" könnte durch eine anschließende Lektüre erfolgen.

Die Kaninchensuppe

Einmal brachte ein Jäger dem Spaßvogel Avanti ein Kaninchen. Avanti bedankte sich für das Geschenk, kochte aus dem Kaninchen eine gute Suppe und lud den Jäger zum Abendessen ein. Etwa eine Woche später klopfte jemand an Avantis Tür.

„Wer ist dort?", fragte Avanti.

„Ich, ein Freund deines Freundes, der dir das Kaninchen gebracht hat", antwortete der Gast. Avanti bat den Mann, weiterzukommen und bewirtete ihn ebenfalls mit Kaninchensuppe.

Nach einigen Tagen erschienen eines Abends vor Avantis Hütte fünf oder sechs Leute.

„Wir sind Freunde des Freundes deines Freundes, der dir das Kaninchen gebracht hat", riefen sie von weitem. Avanti begrüßte sie herzlich, bat sie weiterzukommen und bewirtete sie mit Suppe und Tee.

Die Kunde von Avantis Gastfreundschaft verbreitete sich bald im ganzen Land. Am dritten Tag standen vor seiner Hütte schon etwa zehn oder zwölf Leute.

„Wir sind Freunde der Freunde des Freundes deines Freundes, der dir das Kaninchen gab", riefen sie, kaum dass Avanti in der Tür erschienen war.

Als Spaßvogel Avanti sie erblickte, lachte er und sagte heiter: „Das ist wunderbar! So kommt nur weiter, auch ihr dort, kommt nur weiter!" Er führte sie in die Stube, ließ sie Platz nehmen, und dann brachte er ihnen eine Schüssel schmutzigen Wassers.

„Was ist das?", rümpften die Gäste die Nase über diese Bewirtung.

„Was das ist?", meinte Avanti. „Das ist die Suppe aus der Suppe aus der Suppe von dem Kaninchen, das mir euer Freund gebracht hat."

Und seit dieser Zeit gingen die Leute nicht mehr zu Avanti Kaninchensuppe essen.

Theo Riegler (Aus Ligurien)

Wer?	Wo?	Was passiert?
1. Szene: Jäger, Avanti	Hütte von Avanti	Jäger bringt Kaninchen
2. Szene: Avanti, ein Freund des Jägers	Hütte von Avanti	Avanti gibt ihm Kaninchensuppe
3. Szene: Avanti, 5 Leute	Hütte von Avanti	Avanti bewirtet mit Suppe und Tee
4. Szene: Avanti, 10 Leute	Hütte von Avanti	Avanti bringt eine Schüssel schmutzigen Wassers

Zwischen der dritten und vierten Szene kann eine Zwischenszene eingeschoben werden, um das Verbreiten der Nachricht deutlich zu machen (hierzu können auch Zuschauer angesprochen und einbezogen werden). Als Gruppengröße reicht eine Fünfer- oder Siebener-Gruppe. Außerdem kann man die Geschichte von Avanti bei einem Elternnachmittag mit der ganzen Klasse vorspielen. Im Hinblick auf die letzte Szene könnte man eine Zeichnung anlegen, um den Unterschied von Gesagtem und Gemeintem deutlich zu machen (sprachliche bzw. Lebenserfahrung!). Sprech- und Denkblasen (bekannt aus der Comiclektüre) könnten von den Kindern ausgefüllt werden:

Avanti sagt: „Kommt herein, meine Freunde …"; er könnte dabei denken: „Ich lasse mich nicht ausnutzen!" Die Gäste hingegen sagen: „Wir sind die Freunde der Freunde …" und denken etwa so: „Hier gibt es etwas umsonst. Dich können wir ausnutzen!"

Die Geschichte von der Kaninchensuppe eignet sich auch für das *Herausarbeiten eines Schlüsselbegriffs* („Freundschaft" bzw. Freunde) sowie für eine *Texterschließung vom Textende her* (ab dem viertletzten Abschnitt).

Beim *Spielen* müsste z. B. die feine Ironie auf Seiten des Herrn Avanti (meine „Freunde") durch die Intonation „herausgebracht" werden (ebenso: „Dies ist die Suppe aus der Suppe …"). Die Artikulation der Wiederholungen (Freunde der Freunde der …) stellt ebenfalls Anforderungen an die Sprechtechnik.

10. Weg: *Text szenisch umsetzen*

1. Lehrer/in wählt geeigneten Text aus, bestimmt die Gruppengröße.
2. Kinder lesen still, bilden Gruppen, sprechen über ihr Textverständnis, füllen Raster aus und verteilen Rollen.
3. Kinder spielen vor;
   Zuschauer/innen besprechen ihr Textverständnis.

62

Übersicht über die zehn Wege

1. Schlüsselbegriffe des Textes klären
Zu einem markanten Begriff des Textes (oder zu mehreren) äußern die Kinder ihre Vorstellungen und Assoziationen.
Vorzüge:
– Kinder denken über ihr Vorverständnis zum Begriff nach.
– Sie lesen mit gerichteter Aufmerksamkeit den Text.
– Sie kommen durch den Vergleich ihrer Assoziationen mit dem Text leicht ins Gespräch über den Text.

2. Textteile antizipieren
Die Kinder erfahren nur den Textanfang (Überschrift, erster Absatz, erster Textteil bis zu einer geeigneten Stelle). Sie vermuten (antizipieren), wie der Text weitergehen kann.
Vorzüge:
– Kinder denken sich in den Text ein, verbinden ihn mit eigenen Überlegungen.
– Sie werden auf den Fortgang und das Erlesen der Fortsetzung neugierig.
– Sie kommen durch Vergleich ihrer Vermutungen mit dem Text leicht ins Gespräch über den Text.

3. Text rekonstruieren
Die Kinder erhalten die Teile des Textes in „verwürfelter" Reihenfolge und stellen den Originaltext her.
Vorzüge.
– Kinder werden durch Rätselform zum Lesen auch von Details motiviert und zum Suchen des „roten Fadens".
– Sie ermitteln Textelemente (vor allem „Verknüpfungspunkte"), die Hilfen für die Lösung sind, und denken dabei über den Text (und Texte allgemein) nach.

4. Text ergänzen
Einzelne wesentliche Elemente des Textes werden zuvor gelöscht (Schlüsselwörter, Überschrift, kurzer Textteil, Buchstaben). Die Kinder ergänzen sie.
Vorzüge:
– Kinder werden durch Rätselform zum Lesen auch von Details motiviert.
– Sie müssen alle vorhandenen Informationen des Textes verarbeiten.
– Sie denken beim Lösen über eine wesentliche Aussage oder über die Textform nach.

5. Text vom Textende her erschließen

Die Kinder erhalten zunächst nur das Textende und stellen von hier her Fragen zum Vorausgegangenen.

Vorzüge:
– Kinder werden durch ein interessantes, rätselhaftes, pointenreiches Textende neugierig auf den übrigen Text.
– Sie stellen selber Fragen als Leseaufträge an sich.
– Sie lesen den gesamten Text mit gerichteter Aufmerksamkeit und sprechen über die Textaussagen.

6. Text gliedern

Die Kinder erhalten den Text so, dass ein bestimmtes Gliederungselement fehlt (Satzzeichen, Wortlücken, Absätze, Verseinteilung).

Vorzüge:
– Kinder werden durch verrätselte Form zum Lösen und Lesen motiviert.
– Sie denken über inhaltliche *und* formale Aspekte des Textes nach und setzen sie in Beziehung.

7. Texte vergleichen

Wenigstens zwei Texte mit einem identischen Bezugspunkt (gleiches Thema, gleicher Inhalt oder gleiche Form) werden miteinander verglichen, dabei erkennen die Kinder Gemeinsames und Unterscheidendes. Solche Texte können auch Texte der Kinder sein.

Vorzüge:
– Die Kinder setzen Texte miteinander in Bezug.
– Sie können beim Vergleich eigenständig inhaltliche und formale Aspekte herausfinden. (Die Texte leiten das Nachdenken mehr als das Fragen der Lehrerin.)

8. Text bildnerisch umsetzen

Kinder zeichnen, malen oder collagieren zu einem Text.

Vorzüge:
– Die Kinder setzen sich in ihrem eigenen Werk mit dem Text auseinander, dokumentieren ihr Textverständnis, interpretieren den Text, drücken das für sie Wesentliche aus, ergänzen den Text, „malen ihn aus".
– Sie kommen beim Vergleich ihrer Werke auch zum Gespräch über den Text und ihre Sichtweise vom Text.

9. Text grafisch umsetzen

Kinder setzen eine Textaussage grafisch um (die Abfolge einer Handlung, die Beziehung der Personen zueinander usw.)

Vorzüge:
– Die Kinder lösen eine Textaussage heraus.
– Sie abstrahieren eine konkrete Aussage in eine allgemeinere.

10. Text szenisch umsetzen
Ein Text mit einer spielbaren Handlung wird inszeniert: die Kinder spielen spontan aus dem Stegreif, sie strukturieren den Text (Rollen, Ort, Szenen). Fortgeführt werden kann die Arbeit durch Ausformung der Szenen bis hin zum Erstellen eines eigenen Textbuches.
Vorzüge:
– Die Kinder gehen produktiv handelnd mit dem Text um und interpretieren ihn dabei.
– Sie nutzen die Textvorlage auch in ihren Einzelheiten immer wieder als Korrektiv ihres Spiels.

3. Die zehn Wege der Texterschließung als Methoden im Leseunterricht

Viele Methoden für einen Text

Zehn Wege der Texterschließung wurden an Textbeispielen vorgestellt. Dabei wurde auch schon deutlich, dass viele Texte mit unterschiedlichen Methoden erschlossen werden können. Oft ergänzen sie sich. Immer gibt es Alternativen. Dies soll anhand von zwei Texten noch einmal verdeutlicht werden.

Herr Böse und Herr Streit

Es war einmal ein großer Apfelbaum. Der stand auf der Grenze zwischen zwei Gärten. Und der eine Garten gehörte Herrn Böse und der andere Herrn Streit.

Als im Oktober die Äpfel reif wurden, holte Herr Böse mitten in der Nacht seine Leiter aus dem Keller und stieg heimlich und leise-leise auf den Baum und pflückte alle Äpfel ab.

Als Herr Streit am nächsten Tag ernten wollte, war kein einziger Apfel mehr am Baum. „Warte!", sagte Herr Streit, „dir werd' ichs heimzahlen."

Und im nächsten Jahr pflückte Herr Streit die Äpfel schon im September ab, obwohl sie noch gar nicht reif waren. „Warte!", sagte Herr Böse, „dir werd' ichs heimzahlen."

Und im nächsten Jahr pflückte Herr Böse die Äpfel schon im August, obwohl sie noch ganz hart und grün waren. „Warte!", sagte Herr Streit, „dir werd' ichs heimzahlen."

Und im nächsten Jahr pflückte Herr Streit die Äpfel schon im Juli, obwohl sie noch ganz grün und hart und soooo klein waren. „Warte!", sagte Herr Böse, „dir werd' ichs heimzahlen."

Und im nächsten Jahr pflückte Herr Böse die Äpfel schon im Juni, obwohl sie noch so klein wie Rosinen waren. „Warte!", sagte Herr Streit, „dir werd' ichs heimzahlen."

Und im nächsten Jahr schlug Herr Streit im Mai alle Blüten ab, sodass der Baum überhaupt keine Früchte mehr trug. „Warte!", sagte Herr Böse, „dir werd' ichs heimzahlen."

Und im nächsten Jahr im April schlug Herr Böse den Baum mit einer Axt um. „So", sagte Herr Böse, „jetzt hat Herr Streit seine Strafe."

Von da ab trafen sie sich häufiger im Laden beim Äpfelkaufen.

Heinrich Hannover

Auf die Geschichte von Herrn Böse und Herrn Streit lassen sich sicherlich alle Verfahren zur Überprüfung des Textverständnisses anwenden:
– Die *bildliche Darstellung* (auch als Comic mit Denkblasen) wird mehrere Bilder (acht „Etappen" der Handlung bzw. sieben plus Ende) erfordern. Es wird nicht ganz einfach sein, die *sozialen Beziehungen grafisch darzustellen:* vielleicht in Form von zwei Figuren, die sich immer weiter voneinander entfernen.
– Die *szenische Darstellung* der Handlung kann um weitere Selbstgespräche ergänzt werden, um den jeweiligen Zustand des Baumes deutlich zu machen.
– Als *Anschlussaufgabe* für ein *Rollenspiel* bietet sich die Gestaltung eines Gesprächs zwischen Herrn Böse und Herrn Streit im Laden an (Äußerung von Einsichten?). Im Hinblick auf den *Lesevortrag* könnte die Intonation der wörtlichen Rede (Selbstgespräch) ins Blickfeld gerückt werden.
– Eine *Gliederung* könnte darin bestehen, dass die einzelnen Handlungsabschnitte gefunden werden müssen (und damit der Textaufbau).
– *Ergänzt* werden könnte das letzte Wort („Äpfelkaufen").
– Eine *Antizipation* könnte an den vierten Abschnitt anschließen. Bei einer schriftlichen Fortsetzung wäre es auch interessant festzustellen, ob das Stilmittel der Wiederholung aufgenommen wird; lässt man den Text erst nach dem fünften Abschnitt fortsetzen, ist dies eher möglich.
– Zum *Klären von Schlüsselbegriffen* könnten die Ausdrücke „böse" und „Streit" dienen.
– Für eine *Ableitung von Fragen aus dem Textende* kämen die letzten drei Abschnitte in Frage.
– Bei einer *Textrekonstruktion* (nach Abschnitten) gehen erfahrungsgemäß einige Kinder von der „normalen" Reihenfolge der Monate aus (sie haben nicht alle Textinformationen verarbeitet). Durch entsprechende Hinweise bzw. Diskussionsbeiträge wird dann die Besonderheit des dargestellten Streites, nämlich die Eskalation über Jahre, thematisiert. Für eine Rekonstruktion erscheint mir der Text besonders geeignet, da hierbei die Funktion des Parallelismus und der Wiederholung besonders deutlich wird.
– Für einen *Textvergleich* bieten sich viele Texte zum Thema „Streit" an, z.B. die Fabel von den beiden Ziegen.
– Eigene Geschichten bzw. Erfahrungsberichte der Kinder zum Thema „Streit, der zu nichts führt" bzw. der eskaliert, schaffen eine sinnvolle Verbindung zum schriftlichen Sprachgebrauch. Auch die Formulierung der Autorenintention („Warum hat H. Hannover diese Geschichte wohl geschrieben?") könnte einen *Schreibanlass* darstellen.
– Zur *inneren Differenzierung,* zur Lese-Erleichterung, könnte eine *Kennzeichnung* der Monatsnamen und des Zustandes der Äpfel dienen, z. B. durch Unterstreichen oder Fettdruck.

Der Stein

Ein kleines Steinchen rollte munter,
von einem hohen Berg herunter.
Und als es durch den Schnee so rollte,
ward es viel größer als es wollte.
Da sprach der Stein mit stolzer Miene:
„Jetzt bin ich eine Schneelawine."
Er riss im Rollen noch ein Haus
und sieben große Bäume aus.
Dann rollte er ins Meer hinein,
und dort versank der kleine Stein.

Joachim Ringelnatz

Zu dem vorliegenden Ringelnatz-Gedicht können zur Überprüfung des Verständnisses ohne weiteres einige *Bilder gezeichnet oder gemalt werden*.

Auch eine *Gliederung* des Textes (dargeboten ohne Verseinteilung) ist gut möglich.

Zur *Textergänzung* könnte man die Überschrift sowie alle Bezeichnungen für den Stein (Steinchen, Stein, Stein) herausnehmen. Einen interessanten „Knackpunkt" stellen dann die unterschiedlichen Pronomen dar: Steinchen – es; der Stein – er. Hier könnte sich ein Unterrichtsgespräch zur Verweisfunktion von Pronomen ergeben.

Zur *Antizipation* ist dieses Gedicht ganz besonders geeignet: die letzte Strophe kann von Kindern selbst gefunden werden (gereimt oder in Prosaform). Bei einem Unterrichtsversuch entwarfen viele Kinder ein Ende der Lawine: der Schnee schmolz an der Sonne, oder die Lawine zerbarst an einer Mauer.

Vorab *klären* könnte man die gedanklichen Verbindungen, die Kinder im Hinblick auf „Stein" haben. Von hier aus könnte der Zugang zur Autorenintention erleichtert werden (naturwissenschaftliche Beschreibungen gegenüber einem Stein, der spricht).

Durch die klare pronominale Verkettung der einzelnen Strophen (Steinchen – es; der Stein – er – er, der kleine Stein) sowie die gut erkennbaren semantischen Verknüpfungen (Größer – Lawine – riss aus – dann … versank …) sind gute Voraussetzungen für eine *Textrekonstruktion* gegeben.

Lesen von Kinderbüchern

Bei fast allen vorgestellten Textbeispielen habe ich mich aus Platzgründen in diesem Buch auf kurze Prosatexte und Gedichte beschränkt, auf Texte, wie sie in Lesebüchern zu finden sind. Alle Verfahren eignen sich natürlich auch (in jeweils unterschiedlichem Maß) für das Lesen von Büchern im Unterricht: Hierbei ist sicherlich eine wichtige Überlegung, für welche Verfahren der Text auf keinen Fall bekannt sein darf.

So kann man beispielsweise vom Titel, vom Titelbild, vom ersten Kapitel ausgehend bzw. von einem Kapitel auf die folgenden bezogen, *antizipierend* arbeiten, wenn das Buch noch nicht ganz gelesen ist. Man muss sich also genau überlegen, zu welchem Zeitpunkt ein Buch zur Lektüre „freigegeben" wird (Motivation).

Textergänzung kann jederzeit erfolgen, indem Kapitelüberschriften gesucht werden (falls keine vorhanden sind), indem einzelne Abschnitte sozusagen mit einem „Titel" versehen werden. Hierzu ein Beispiel: In einem Buch wurde von einem Jungen berichtet, der ein Fahrrad mitnimmt, das ihm nicht gehört. Er hinterlässt einen Zettel: „habe das Fahrrad geliehen …". Als die Kinder nun aufgefordert wurden, für diesen Abschnitt eine Überschrift zu finden, so schrieben sie mehrheitlich: „das geliehene Fahrrad"; nur wenige Kinder schrieben „das geklaute Fahrrad" oder Ähnliches. Es entspann sich eine heiße Diskussion, die deutlich machte, dass viele Kinder Textaussagen hinnehmen, ohne weiter darüber nachzudenken. Ihre Lebenserfahrung sagt ihnen zwar, dass Leihen ein Vorgang ist, der mit Fragen verbunden wird. Dieses Wissen wird aber bei der Textlektüre nicht ohne weiteres aktiviert.

Das *Klären* von *Schlüsselbegriffen* eignet sich sicherlich in besonderem Maße für die Vorbereitung der Lektüre bestimmter Kapitel. Andererseits kann dieses Verfahren bei Bekanntheit des Textes auch zur Vertiefung und Klärung dienen.

Auch das *Erschließen vom Textende her* könnte sich, je nach Buch, für einzelne Kapitel eignen.

Die *Rekonstruktion* eines Kapitels aus einzelnen Abschnitten könnte eine Differenzierung für leistungsstarke Kinder darstellen (bei einem weniger umfangreichen Text ist dies natürlich auch eine sinnvolle Aufgabe für leistungsschwächere).

Differenzierung ist außerordentlich wichtig bei der Lektüre eines Kinderbuchs im Unterricht, damit tatsächlich Motivation für das Bücherlesen aufgebaut und nicht verschüttet wird durch überhöhte Anforderungen. Da der Umfang einer Aufgabe sich am ehesten variieren lässt, ist es nicht nötig, dass jedes Kind das gesamte Buch gelesen hat. Einzelne, besonders wichtige Textteile (Kapitel) müssen allen Kindern bekannt sein, weil damit im Unterricht gearbeitet werden soll. Zwischenteile können leistungsschwachen Leser/innen auch durch einen vorbereiteten Lesevortrag anderer Kinder (oder der Lehrperson) angeboten werden.

Da wir *Kinder zu* privaten *Lesern und Leserinnen machen* wollen, ist die Hinführung zum Buch, wozu auch die Lektüre eines Kinderbuches im Unterricht gehört, und zwar möglichst in jedem Jahrgang, von ganz besonderer Bedeutung. Durch die unterrichtliche Bearbeitung darf allerdings auf keinen Fall Lustlosigkeit erzeugt werden, daher sollte der zeitliche Umfang nicht zu breit ausgedehnt werden.

Die weitere Arbeit mit dem Buchtext sollte aber auch mitbestimmt sein vom produktiven Umgang mit dem Text: das Buch wird *illustriert, in Szenen erspielt, musikalisch gestaltet* usw.

Wenn ein Buch ausgewählt wird, ob allein durch die Lehrperson oder mit Beteiligung der Kinder (Vorschläge, Vorab-Lektüre einiger Bücher durch eine Kindergruppe), so wird die Wahl durch einige Aspekte des gesamten Vorhabens bestimmt: ist z. B. eine Autorenlesung geplant (Autorenverzeichnisse sind beim Bundesverband der Friedrich-Bödecker-Kreise e. V. Mainz zu bekommen) oder eine schriftliche Kontaktaufnahme, so kommen nur neuere Bücher von Gegenwarts-Autoren/Autorinnen in Betracht. Eine Autorenlesung ist für Kinder erfahrungsgemäß ein ganz besonderes Erlebnis, da sie erfahren, dass „hinter" einem Buch ein Mensch steht, den man zu seiner Arbeit befragen kann bzw. zu einem gelesenen Buch etc. Eine Autorenlesung kann auch vor Beginn einer Klassenlektüre sinnvoll sein, als „Anstoß", zum Aufbauen von Motivation.

Im Hinblick auf die Motivation ist sicherlich die Wahl des Themenbereichs sowie die inhaltliche und sprachliche Gestaltung eines Buches von entscheidender Bedeutung. In diesem Zusammenhang muss sowohl die Lesefähigkeit der Lerngruppe (Enthält der Text besondere syntaktische und semantische Schwierigkeiten? Wie ist die typografische Gestaltung, wie der Bild-Text-Anteil?) als auch die Einstellung zu Büchern (Wer hat zu Hause Bücher, nutzt eine öffentliche Bücherei etc.) reflektiert werden.

Bei der Frage, ob jedes Kind ein Buch erwirbt oder ein Klassensatz angeschafft wird, werden die o. a. Überlegungen einbezogen, wobei vieles für ein *eigenes* Buch spricht (zumindest einmal in jeder Klasse): man kann mit dem Buch „arbeiten" (Zeilen nummerieren, unterstreichen, illustrieren, ausmalen etc.), es kann das erste Buch eines eigenen Bestandes werden (emotionale Bindung) etc.

Informationen über Kinderbücher kann man durch Verlagsprospekte bzw. Handreichungen für Lehrer/innen mit Inhaltsangaben, durch die Auswahllisten für den jährlichen Kinder- und Jugendbuchpreis, Besprechungen in Zeitungen und Zeitschriften, Rundfunk und Fernsehen, durch Buchhandlungen und Bibliotheken bekommen. Da die Finanzierbarkeit meist eine wichtige Rolle spielt, wird man auf Taschenbücher oder preiswerte Ausgaben zurückgreifen.

Welchen Anteil die schulische oder häusliche Lektüre haben soll, kann nur von Fall zu Fall entschieden werden. Interessant ist in diesem Zusammenhang die Erfahrung einer Kollegin, die den Kindern ihrer dritten Klasse ein bestimmtes Buch als Weihnachtswunsch empfohlen hatte. Alle Kinder hatten das Buch bekommen und auch gelesen. Die ersten drei Unterrichtswochen des neuen Jahres, in denen das Buch „bearbeitet" wurde, zählten nach Aussage der Kollegin zu ihren angenehmsten und erfolgreichsten Unterrichtszeiten (es war das erste Kinderbuch im Unterricht für beide Seiten).

Umgekehrt erwies sich das „Zurückhalten" eines Buches, d. h., es wurde nur in der Schule zu bestimmten „Schmökerzeiten" gelesen, in einer zweiten Klasse als ungeheuer motivationsfördernd.

Im Allgemeinen wird sich eine Mischung aus häuslicher und schulischer Lektüre ergeben, wobei darauf geachtet werden muss, dass die Kinder nicht die Lust am Lesen durch Druck oder Überforderung verlieren, sondern dass ihnen in der Schule die Erfahrung vermittelt wird, wie viel Spaß der Umgang mit Büchern macht.

Durch die Einrichtung einer Leseecke (und entsprechend genutzten Schmökerzeiten), einer Klassenbücherei, einer Schulbibliothek, durch Kontakte zu öffentlichen Büchereien wird die „Erziehung zum Lesen" weitergeführt.

Individuelle Leseförderung: Analyse der Lesefähigkeit und Maßnahmen zur inneren Differenzierung

Erst die Kenntnis vorhandener Stärken und Schwächen können die Basis für sinnvolle *Differenzierungsmaßnahmen* bzw. für eine *individuelle Förderung* ergeben. Manche Lehrer/innen erhoffen sich exakte Daten von der Anwendung standardisierter Lesetests. Diese Tests sind allerdings hart kritisiert worden, da keiner der auf dem Markt angebotenen Lesetests die Ergebnisse der Leseforschung und Linguistik berücksichtigt (vgl. Eichler, Goodman u. a.).

Alle hier vorgestellten Verfahren der Texterschließung sind auch geeignet zur Diagnose bzw. Analyse der Lesefähigkeit: intensive Schüler/innen-Beobachtung und Nachfragen führen zu Erkenntnissen im Hinblick auf die Erfassungsstrategien des einzelnen Kindes. Auf dieser Basis kann dann gezielt gefördert werden.

Gezielte Förderung kann heißen, dass ein Kind bestimmte Verfahren zur Texterschließung verstärkt angeboten bekommt (im Förderunterricht, in Phasen individualisierter Arbeit etc.). So könnten beispielsweise dem Kind, das sich eher an Einzelheiten orientiert als an dem „roten Faden", vorzugsweise *Textrekonstruktionen* vorgelegt werden. Das Kind, das im Text- oder Wortverständnis besondere Schwierigkeiten hat, könnte mit dem Vorklären von *Schlüsselbegriffen* arbeiten, um das sprachliche Repertoire gezielt zu erweitern. Auch *Textergänzung* ist geeignet, da hier die Aufmerksamkeit auf inhaltliche Verknüpfungen gelenkt wird.

Die „klassischen" Wege, das Leseverständnis zu überprüfen, wie *Fragen zum Text stellen* oder *erzählen* lassen, was vom Inhalt behalten wurde, stellen auch für die *Einzeluntersuchung* bei jüngeren Kindern passende Verfahren dar: Das Kind liest (still) einen Text, der vom Inhalt her altersangemessen und im Sprachgebrauch dem Sprachverständnis des Kindes entsprechend strukturiert ist, und beantwortet anschließend die mündlich gestellten Fragen oder erzählt frei, was vom Inhalt behalten wurde. Hierbei ist es wichtig, darauf zu achten, ob ein Kind sich an Einzelheiten „festhält" oder ob es in der Lage ist, die Handlung einer Geschichte wiederzugeben.

Interessant ist in diesem Zusammenhang eine Untersuchung mit einer Gruppe von Kindern mit besonderen Lese-Rechtschreib-Schwierigkeiten. Sie ergab, dass diese bei einer freien Wiedergabe von gehörten Texten weniger häufig die Gesamtaussage, den „roten Faden" eines Textes, darstellen konnte als eine Kontrollgruppe von Kindern ohne Lese-Rechtschreib-Schwäche. Die schwachen Leser/innen erwähnten viele Einzelheiten, waren aber offenbar weit weniger in der Lage, Wichtiges (für den Fortgang der Handlung, für die Gesamtaussage etc.) von weniger Wichtigem zu unterscheiden und entsprechend zu behandeln.

Diese Fähigkeit ist jedoch gerade im Hinblick auf die Sinnentnahme äußerst wichtig, denn nicht jedes Wort ist für das Verständnis des Gesamttextes gleich bedeutungsvoll. Es müsste also die Fähigkeit geschult werden, Wesentliches von Unwesentlichem zu unterscheiden bzw. Textmerkmale zu erfassen, die für den Fortgang einer Handlung bzw. für den Aufbau des ganzen Textes und für sein Verständnis unabdingbare Voraussetzungen sind.

Ein Kind sollte nur das lesen, was es auch verstehen kann. Es muss mit einem Text (nicht unbedingt mit jedem einzelnen Wort) eine Vorstellung verbinden können, um *Sinn* entnehmen zu können.

Das nur mechanische Artikulieren unbekannter Wörter muss auf jeden Fall vermieden werden, da Wörter ohne inhaltliche Anknüpfung nicht behalten werden und Kinder sowie Eltern in der falschen Vorstellung bestärkt werden, dass das lauttreue Artikulieren bereits „Lesen" darstelle.

Auch – und gerade – Kinder, die Deutsch als Zweitsprache lernen, sollten unbekannte Texte zuerst *still erlesen,* wobei das halblaute Mitsprechen bei Leseanfängern das Verständnis erleichtert. Das Kind hat dadurch die Möglichkeit, entsprechend seinem eigenen Lesetempo den Text zu entschlüsseln, bei Verstehensschwierigkeiten im Text zurückzugehen, evtl. nachzufragen oder auch den Fortgang eines Textes im Überblick zu erfassen. Bei diesem selbstständigen Lesen macht das Kind die Erfahrung, dass nicht jedes Wort für das Textverständnis gleich wichtig ist, dass man nicht *alle* Wörter eines Textes kennen muss, um die Textaussage erfahren zu können.

Die Aufmerksamkeit der Kinder sollte dann darauf gelenkt werden, unbekannte Wörter und Satzmuster zu registrieren. Durch Erschließen aus dem Textzusammenhang, durch Erklären anhand kleiner Textbeispiele (wechselnde Kontexte), durch Nachschlagen kann der Wortschatz erweitert werden.

Auch die *typografische Gestaltung* von Texten kann als Verstehenshilfe dienen: Dass Größe und Übersichtlichkeit des Drucks von Texten Auswirkungen auf den Leseprozess haben, ist bekannt: so wird beispielsweise für Fibeltexte eine einfache, klare Schrifttype gewählt. Texte im Großdruck sollen Lesern/Leserinnen mit starker Sehbehinderung sowie Leseanfängern/-anfängerinnen und leseschwachen Kindern das Lesen erleichtern. Die Schriftgröße darf allerdings ein gewisses Maß nicht übersteigen, da dann die Formerfassung behindert werden kann.

Ein einfaches, wenig kostenintensives Verfahren, kleingedruckte Texte besser lesbar zu machen, ist eine fototechnische *Vergrößerung* in einem Kopierladen (oft lassen sich hier auch schnell und einfach Textfolien herstellen).

Wenn vergrößerte Texte zur inneren Differenzierung eingesetzt werden sollen, so sollte zugleich eine *Gliederung nach Sinnschritten* vorgenommen werden. Dabei bieten sich zwei Möglichkeiten an: horizontal oder vertikal.

Das Ergebnis von experimentellen Untersuchungen auf der Basis gedächtnispsychologischer Überlegungen ergab, dass die Strukturierung von Texten nach Sinneinheiten zu besseren Leseleistungen führt, wobei eine „vertikale Segmentierung" eine noch bessere Hilfestellung bietet als eine horizontale (vgl. DUMKE, DIETER, S. 221).

Eine Einteilung in Sinneinheiten erleichtert nicht nur das Erfassen eines Textes, sondern bietet auch für den Lesevortrag eine Strukturierungshilfe.

Ein Wort noch zur Notengebung im Bereich „Lesen": die Lesenote ist oft schlichtweg ungerecht und entspricht nicht den Vorgaben von Richtlinien und Lehrplänen. Wenn ausschließlich der Lesevortrag bewertet wird, so entspricht dies *nicht* einer tatsächlichen sinnvollen Auskunft über die Lesefähigkeit eines Kindes. Wie wir bereits gesehen haben (vgl. Kap. 1), kann es durchaus möglich sein, dass ein Kind zwar wohlklingend artikuliert, dabei jedoch wenig (oder sogar keinen) Sinn entnimmt. Umgekehrt hat das Kind, das stockend vorliest (da es sich gedanklich mit dem Inhalt beschäftigt), eventuell viel mehr vom Textinhalt erfasst und bekommt eine schlechte Note wegen seines wenig flüssigen Vortrages. Es muss in jedem Fall die Fähigkeit des selbstständigen Lesens, d. h. des stillen Lesens, mit selbstständiger *Sinnentnahme überprüft* und bewertet werden.

Welchen Anteil der Lesevortrag an der Note hat, ist nirgendwo ausgewiesen. Vielleicht könnte man zwei Drittel für das selbstständige Lesen ansetzen gegenüber einem Drittel für den (vorbereiteten) Lesevortrag.

Elternberatung

Eltern, die mit ihren Kindern das Lesen üben wollen, lassen meist laut vorlesen. In diesem Falle ist das laute Vorlesen von unbekannten Texten genauso wenig sinnvoll wie in der Schule. Es ist also wichtig, Eltern klarzumachen, was das Wesentliche beim Lesen ist, nämlich die Bedeutungsentnahme, und ihnen die Einsicht zu vermitteln, dass es auch zu Hause günstiger ist, die Kinder still für sich lesen zu lassen.

Einige erprobte Vorschläge für Eltern, die an die Stelle des Vorlesenübens treten können, seien genannt:

Eltern können sich erzählen lassen, was gelesen wurde. Wenn sie selbst den Text kennen, können sie hierüber auch in ein Gespräch mit dem Kind kommen bzw. Fragen stellen. Sie zeigen dabei Interesse und Wertschätzung dem Lesen gegenüber und verstärken dadurch die Lesemotivation.

Eine andere Möglichkeit ist, kleine *Aufträge schriftlich* zu *geben*. Dies kann auch in Form einer „Rallye" erfolgen, bei dem das Kind auf die Suche nach einer bestimmten Sache geschickt wird. Viele Kollegen und Kolleginnen haben berichtet, dass sie mit diesem einfachen Tipp schon viel positive Resonanz bei Eltern gefunden haben.

Die „klassische" Handlungsanweisung (nicht nur für sprachliches Handeln) stellen Kochrezepte, Gebrauchsanweisungen, Bastelanleitungen, Spielregeln etc. dar. Sie erfordern einen direkten Handlungsvollzug, durch den nachgewiesen wird, dass das Gelesene verstanden wurde. Einschränkend muss gesagt werden, dass gerade Bastelanweisungen außerordentlich schwer zu verstehen sind und deshalb meistens zusätzlich mit erläuternden Zeichnungen versehen werden. Auch Kochrezepte sind nicht immer einfach umzusetzen: oft wird die Kenntnis der Fachsprache vorausgesetzt. Eltern können aber gemeinsam mit ihren Kindern solche Texte nutzen. Dies zeigt unmittelbar den Gebrauchswert des Lesens und übt es.

Das gemeinsame Lesen von Büchern stellt generell eine gute Lesemotivation dar. Auch das Anlesen (Vorlesen) eines Buches schafft den Wunsch, Weiteres zu erfahren und dann selbstständig zu lesen (Weg der Antizipation).

Bei der Auswahl von Büchern für ihre Kinder sollten sich Eltern (ebenso wie Lehrer/innen) nicht nur von ihrem pädagogischen Bemühen leiten lassen, sondern sehr genau überlegen, ob das Kind nicht überfordert wird durch Umfang und Schwierigkeiten des Textes. Auch eine Überfülle von Lesestoff kann zu Lesehemmungen führen, wie bei einem Jungen einer dritten Klasse, der meinte, er habe so viele Bücher, dass er sie nie lesen könne.

Auf Wünsche der Kinder eingehen, Anregungen geben, gemeinsam auswählen, über Bücher sprechen, gemeinsam an Autorenlesungen, die von Bibliotheken oder Buchhandlungen veranstaltet werden, teilnehmen sowie das Beispiel des eigenen Leseverhaltens können eine lesefreundliche Atmosphäre im Elternhaus erzeugen.

Allerdings müssen wir in der Schule auch in diesem Sinne „mit gutem Beispiel vorangehen".

Wie die 10 Methoden der Texterschließung die Sprachfähigkeiten fördern – eine linguistische Beweisführung

Lesen ist ein *komplizierter kognitiver Prozess,* bei dem die gesamten sprachlichen und außersprachlichen Kenntnisse und Erfahrungen des Lesers/der Leserin einbezogen werden müssen. In der aktuellen Lesesituation werden die jeweils benötigten Kenntnisse und Erfahrungen „abgerufen", die das Textverstehen erst ermöglichen. Dies geschieht weitgehend unbewusst.

Der Leser/die Leserin muss die *syntaktische Struktur* eines Textes erfassen: Die Satzbaumuster müssen bekannt sein (passiver Wortschatz), damit sie entschlüsselt werden können. Unbekannte syntaktische Verbindungen können evtl. aus dem Zusammenhang erschlossen werden.

Der Leser/die Leserin muss *die im Text vorhandenen Begriffe* mit einer Vorstellung verbinden bzw. diese aus dem Textzusammenhang (Kontext) erschließen können.

Darüber hinaus müssen *Verknüpfungsleistungen* vollzogen werden, und zwar sowohl inhaltlicher als auch struktureller Art. Es müssen
– Bedeutungen in Beziehung gesetzt werden (Verknüpfung aus der semantischen Ebene),
– Satzanschlüsse gefunden werden (Verknüpfung auf der syntaktischen Ebene),
– Gesamtstrukturen von Texten erkannt werden (Verknüpfung von Abschnitten, Bezug von Überschrift und Text, Verbindung von Textanfang und -ende usw.).

Diese Verknüpfungs- und Verbindungsleistungen (Konnexion/Kohärenz) sind nicht möglich ohne das Erfassen von Bedeutungen, die Entwicklung von *Vorstellungen* (Referenz), und zwar nicht nur bezogen auf Einzelwörter, sondern auch auf „großräumigere" sprachliche Einheiten (Ausdrücke, Erfassen von Ironie, von Textaufbau und -wirkung usw.).

Werden genügend Verknüpfungs- und Verweisleistungen (Vorstellungsleistungen) erbracht, so kann die *Aussage des Textes,* der Sinn (Textkonsequenz), gefunden werden (ein Text zum Lachen, Weinen, Nachdenken usw.). Die „Konsequenz" des Textes bezieht sich auf die *pragmatische Ebene,* das Gelingen der sprachlichen Handlung: Was der Autor/die Autorin verschlüsselt hat (enkodiert), muss der Leser/die Leserin entschlüsseln (dekodieren).

An einem konkreten Text-Beispiel sollen die o. a. Erkenntnisse verdeutlicht werden:

„Ihr Weißen seid verrückt"

Woran denken Sie, wenn Sie lesen „Ihr Weißen", welche Vorstellungen werden abgerufen bei „verrückt", auf welche Kenntnisse, Erfahrungen in Ihrer Lebenswirklichkeit wird hier verwiesen? Sie wissen, dass man ein Möbelstück „verrücken" kann, werden diese Idee (Hypothese) aber im Zusammenhang mit „Ihr Weißen" sicherlich schnell fallen lassen. Sie kennen „verrückte" Kleidung, Ideen, „verrückte" Menschen, die etwas spinnert sind oder kreativ oder geisteskrank oder ... oder ... Welche Bedeutung in diesem Text gemeint ist, muss sich im Laufe der weiteren Lektüre noch herausstellen.

Gehen wir weiter zum 1. Satz des Textes: „Ein Indianer sagte zu einem amerikanischen Wissenschaftler::"

Sie haben gemerkt, dass dies ein typischer Einleitungssatz ist (unbestimmter Artikel), dass ein wörtliche Rede vorbereitet wird. Wie stellen Sie sich einen amerikanischen Wissenschaftler vor, welche Hautfarbe könnte er haben (zumindest theoretisch!)? Sie haben bereits einen „Verdacht", eine durch die Überschrift begründete Vermutung (Antizipation, Hypothese)?

Im nun folgenden Satz finden Sie diese bestätigt: „Ihr Weißen seid verrückt!"

Nur wenn Sie in der Lage sind, den unbestimmten Artikel „einen" mit dem Pronomen „ihr" (Mehrzahl) zu verbinden, d. h., die Textverknüpfung über Artikel und Pronomen nachzuvollziehen und eine Ihrer Vorstellungen im Hinblick auf das Aussehen eines amerikanischen Wissenschaftlers bestätigt zu finden, können Sie zum Verständnis des Textes gelangen.

Ihr Weißen seid verrückt (berichtet von Ruth Dirx)
Ein Indianer sagte zu einem amerikanischen Wissenschaftler: „Ihr Weißen seid verrückt! Von euren Maschinen getrieben, schuftet ihr wie die Wilden, bis ihr sechzig seid. Dann, wenn ihr schon zu alt dafür seid, fangt ihr an zu fischen, zu reisen, zu genießen. Wir verteilen die angenehmen Stunden über das ganze Leben. Ist das nicht vernünftiger?"

Hans-Joachim Gelberg (Hrsg.): Menschengeschichten, Weinheim und Basel 1975

Was Leser/Leserinnen aus linguistischer Sicht leisten müssen, um diesen Text zu verstehen, soll anhand eines Schemas deutlich werden:

	Konnexion/ Kohärenz (Verknüpfung)	Referenz (Vorstellung/ Verweis)	Konsequenz (Realisation/ Sinngebung)
Syntax (Satzbau)	✕		
Semantik (Bedeutung)	✕	✕	
Pragmatik (sprachliches Handeln)	✕	✕	✕

Ein Text ist nicht nur von Satz zu Satz *verknüpft* (syntaktisch, z. B. durch Pronomen und Konjunktionen) sowie durch inhaltliche Anschlüsse auf der Bedeutungsebene (semantisch), sondern auch „großräumiger", im Hinblick auf den gesamten Aufbau (pragmatisch), wie an diesem Text unschwer zu erkennen ist:

Wir finden den typischen Aufbau einer Rede: Provokation, Begründung, Zusammenfassung bzw. Pointe (wobei in dem „das" des Schlusssatzes das vorher Gesagte zusammengefasst wird; auch dies muss realisiert werden). Was den Verweis auf *Vorstellungen* angeht, so ist nicht nur die Kenntnis einzelner Wörter gefragt sowie die Erkenntnis, wie dieses Wort im spezifischen Zusammenhang gemeint ist, sondern auch die Aktivierung der lebenspraktischen Erfahrung, dass Form und Inhalt (Satzbaumuster und Gemeintes bzw. Funktion) nicht identisch sein müssen *(linguistische Pragmatik)*: der Schlusssatz ist formal eine Frage, inhaltlich-funktional eher eine Aufforderung (zum Nachdenken) oder eine Behauptung (Das ist vernünftiger!).

Auf der pragmatischen Ebene erfolgt natürlich auch der Abschluss der sprachlichen Handlung, ihr Gelingen, wenn eine Art „Konsequenz" gezogen wird (hier: ein Text zum Nachdenken).

Bei der Kompliziertheit der angesprochenen vielschichtigen kognitiven Leistungen (die emotionalen, motivationalen usw. kommen hinzu) erscheint es einsichtig, dass nie 100 % des Verschlüsselten entschlüsselt werden kann. Des Weiteren wird deutlich, dass ein *Text* mehr ist als „die Summe seiner Einzelteile".

Der Zusammenhang von *Sprachförderung* und *Leseförderung* erscheint auf dieser Basis schlüssig. Lese- bzw. Sprachförderung bedeutet nicht nur Vermittlung von Satzbaumustern (z. B. von Relativsätzen), von Begriffen und ihrem Bedeutungsspektrum, von Einsichten in den situativen Kontext (Unterscheidung von

Satzform und -funktion bzw. Wirkungsabsicht, Verstehen von Ironie usw.), sondern auch Übung im Umgang mit Textmerkmalen auf den Ebenen Verknüpfung, Verweis, Konsequenz. Bei Verständnis- und Interpretationsproblemen können solche Textmerkmale auch bewusst werden.

Mit den vorgestellten Texterschließungsmethoden kann dies jeweils schwerpunktmäßig erfolgen:

– *Verknüpfungsleistungen* auf allen Ebenen stehen bei der Textrekonstruktion sowie beim „Text gliedern" im Vordergrund.

– Von vorhandenen *Vorstellungen,* von Verweisleistungen geht man aus, wenn das Bedeutungsspektrum eines *Schlüsselbegriffes* vorab geklärt wird, wenn *Textteile antizipiert* werden, wenn ein *Text vom Ende her* erschlossen wird.

– Das *Textverstehen* als sprachliche Handlung *(Textkonsequenz)* wird bei all den Verfahren thematisiert, bei denen der komplette Text unbearbeitet (bzw. ohne Vorarbeit) präsentiert wird: *Text bildnerisch, grafisch, szenisch umsetzen.*

– Beim *Textvergleich* steht die unterschiedliche Textkonsequenz im Mittelpunkt.

– Beim „Textergänzen" kann nur dann das fehlende Wort „zwingend" gefunden werden, wenn alle Hinweise im Text realisiert wurden (Verknüpfung, Verweis).

Zitierte Fachliteratur

ADER, DOROTHEA und KRESS, AXEL: Sprechen, Sprache, Unterricht, Paderborn 1980.

ADER, DOROTHEA: Praxis Deutsch, 1977, Heft 23: Textanalyse – linguistisch.

ADER, DOROTHEA/KRESS, AXEL/RIEMEN, ALFRED: Literatur im Unterricht – linguistisch, München 1975.

AHSENDORF, BJÖRN/GIESE, HEINZ W.: Analphabetismus – auch eine Folge des Unterrichts im Lesen und Schreiben, in: Osnabrücker Beiträge zur Sprachtheorie, 1984, Heft 26, S. 1–37.

DUMKE, DIETER: Typografische Hilfen im dritten Schuljahr, in: Zeitschrift für Entwicklungspsychologie u. Pädagogische Psychologie, Band XVI, 1984, Heft 3, S. 220–230.

EICHLER, WOLFGANG: Sprach-, Schreib- und Leseleistung, München 1970.

GOODMAN, K. S.: Die psycholinguistische Natur des Leseprozesses (1973), in: Hofer, Adolf (Hrsg.): Lesenlernen: Theorie und Unterricht, Düsseldorf 1976, S. 139–151.

HOFER, ADOLF (Hrsg.): Lesenlernen: Theorie und Unterricht, Düsseldorf 1976.

KALLMEYER, WERNER (u. a.): Lektürekolleg zur Textlinguistik, Band 1: Reader, Frankfurt/Main 1974.

LIST, GUDULA: Sprachpsychologie, Stuttgart 1981.

Verwendete Lesetexte

(Nach) ALFONSI, PETRUS: Das Traumbrot, erzählt von Stephan Kaiser, aus: Der Lesespiegel 3, Klett Verlag, Stuttgart 1976.

ANDRESEN, UTE: Meine Mama mag Mäuse, aus: ABC und alles auf der Welt, Otto Maier Verlag, Ravensburg 1984.

BAUMANN, HANS: Lesestunde, aus: H. B., Eins zu null für uns Kinder, Stalling Verlag, Oldenburg 1973.

CHARLOT, PETER: Kirschkuchen, aus: Texte und Fragen 4, Diesterweg Verlag, Frankfurt/M. 1976.

Fabel aus Korea, aus: 100 Fabeln, Hamburger Lesehefte Verlag, Husum, 118. Heft.

FERRA-MIKURA, VERA: Der Papierdrachen, aus: Kinderbaum hrsg. v. I. Korschunow, A. Betz Verlag, München 1976.

GUGGENMOS, JOSEF: Der Drachen, aus: Das kunterbunte Kinderbuch, Herder Verlag, Freiburg i. Br. 1963.

GUGGENMOS, JOSEF: „Was denkt die Maus am Donnerstag?", Georg Bitter Verlag, Recklinghausen 1967.

HANNOVER, HEINRICH: Herr Böse und Herr Streit, aus: Das Einhorn sagt zum Zweihorn, hrgs. v. G. Loschütz, Middelhauve Verlag, Köln 1974.

HARNISCH, GÜNTER: Der Mann und der Tisch, Minigeschichte, aus: Menschengeschichten. Drittes Jahrbuch der Kinderliteratur, hrsg. v. H. J. Gelberg, Verlag Beltz und Gelberg, Weinheim und Basel 1975.

JANOSCH: Oh wie schön ist Panama, Verlag Beltz und Gelberg, Weinheim und Basel 2. Aufl. 1987.

KLEEBERGER, ILSE: Sommer, aus: Die Stadt der Kinder, hrsg. v. H. J. Gelberg, Verlag Georg Bitter, Recklinghausen 1982.

KOLLER, CHRISTINE: Trampolin, aus: Überall und neben dir, hrsg. v. H. J. Gelberg, Nachdruck aus dem Zweiten Jahrbuch der Kinderliteratur, Verlag Beltz und Gelberg, Weinheim und Basel 1986.

KRÜSS, JAMES: Das Feuer, aus: J. K., Der wohltemperierte Leierkasten, Bertelsmann Verlag, München 1961.

KRUSE, MAX: Beobachtung, aus: Geh und spiel mit dem Riesen, hrsg. v. H. J. Gelberg, Verlag Beltz und Gelberg, Weinheim und Basel 1971.

KÜNZLER, ROSEMARIE: Kindergeschichte, aus: Menschengeschichten. Drittes Jahrbuch der Kinderliteratur, hrsg. v. H. J. Gelberg, Verlag Beltz und Gelberg, Weinheim und Basel 1975.

LUTTITZ, MARIELUISE BERNHARD VON: Bumfidel fährt einen Wagen? Jawohl! Bumfidel ist nicht auf den Mund gefallen, Oetinger Verlag, Hamburg 1976.

MULOW, MARTIN: Verhör in Wildwest, aus: Spielbare Kurzgeschichten, hrsg. v. Jupp Vlatten, Band 3, Don-Bosco-Verlag, München 1965.

NEUMANN, HANS-JOACHIM/ZANDER, SÖNKE: Fremdsprachen müsste man können, aus: Neumann, H.-J., Zander, S.: Sprache als Verständigungsmittel und Zeichensystem. Eine Einführung in die Linguistik, Textheft, Crüwell, Konkordia, Dortmund 1972 (= Sprachhorizonte, Heft 11/12).

RICHTER, JUTTA: Für Simone, aus: J. R., Der Sommer schmeckt wie Himbeereis, Bertelsmann Verlag, München 1990.

RIEGLER, THEO: Die Kaninchensuppe, aus: Th. R., Was Kinder gerne hören, Südwest Verlag, München 1965.

RINGELNATZ, JOACHIM: Der Stein, aus: J. R., Das Gesamtwerk, Verlag K. H. Henssel, 1982–1985.

ROBINSON, BARBARA: Hilfe, die Herdmanns kommen, Oetinger Verlag, Hamburg 1972.

RUCK-PAUQUÈT, GINA: Drachensteigen, aus: Wir fliegen mit dem Sommerwind, hrsg. v. Heiner Schmidt, Benziger Verlag, Zürich, Köln 1968.

TOLSTOI, LEO: Gurkenstehlen, aus: L. T., Die Brüder des Zaren, Mohn, Gütersloh 1964.

WÖLFEL, URSULA: Schaukelspaß, aus: Wunderwelt 3, Lesewerk für die Grundschule, Schwann Verlag, Düsseldorf 1968.

ZEUCH, CHRISTA: Wenn wir keine Sprache hätten, aus: Ch. Z., Lisa, Lolle, Lachmusik, Arena Verlag, Würzburg 1987.

ZEUCH, CHRISTA: Von einem, der Ruhe will, aber selber Krach macht, aus: Chr. Z., Lisa, Lolle, Lachmusik, Arena Verlag, Würzburg 1987.